陈虎（陈少文）作品集

The Voice
Within Us
不激不随

陈虎 著

中国政法大学出版社

2018·北京

图书在版编目（ＣＩＰ）数据

不激不随/陈虎著. —北京：中国政法大学出版社，2017.6（2021.4重印）
ISBN 978-7-5620-7592-9

Ⅰ.①不…　Ⅱ.①陈…　Ⅲ.①法律－中国－文集　Ⅳ.①D920.4-53

中国版本图书馆CIP数据核字(2017)第148756号

出 版 者　中国政法大学出版社

地　　址　北京市海淀区西土城路 25 号

邮寄地址　北京 100088 信箱 8034 分箱　邮编 100088

网　　址　http://www.cuplpress.com (网络实名：中国政法大学出版社)

电　　话　010-58908437(编辑室) 58908334(邮购部)

承　　印　北京中科印刷有限公司

开　　本　880mm×1230mm　1/32

印　　张　6.375

字　　数　130 千字

版　　次　2018 年 3 月第 1 版

印　　次　2021 年 4 月第 2 次印刷

定　　价　49.00 元

做一只思想的狐狸（总序）

　　犹太裔哲学家以赛亚·伯林在《俄国思想家》一书中，曾专门通过对托尔斯泰和陀思妥耶夫斯基的比较，区分了"狐狸型"和"刺猬型"这两种知识分子及其观念差异。

　　狐狸，同时追求很多碎片化的不同事物，但刺猬却能聚焦，把每个相关事物纳入一个统一的理论体系。

　　因而，狐狸多知，而刺猬有一大知。

　　伯林评价托尔斯泰，天性是狐狸，却自以为是刺猬。

　　第一次看到这段文字，感觉都像在说自己。

　　看起来每天在文献里披沙拣金，在书房里撰写论文，在研讨会上发表观点，已经貌似一个有着专业研究领域的刺猬型学者，但实际上骨子里，仍然是一个渴望拓展知识边界，而不甘于在一个领域里皓首穷经的文人。

　　相比于刺猬，我更愿做一只思想的狐狸。

　　前段时间，看到刘瑜给 7 年前的杂文集《送你一颗子弹》写的再版序。她说，写作，犹如佛教中的沙画，全神贯注地创作，然后再一把将其抹去。

　　速朽，正是创作的目的。

　　因而，她会与这类文字告别。在诸多身份之中，她最终放弃了那个文艺青年的身份，而选择了女教授的那个自我。

　　而我，则恰好相反。岁月渐逝，马齿徒增。我却越来越追求一种多元的人生。我坚信，所谓的精彩，就是让自己无法归类。

　　鱼和熊掌，皆我所欲。

　　甚至，我有意在陈虎和陈少文这两个身份之间不断切换，以让自己的生活，在理性和感性、在学术和思想、在严谨和灵动之间，维持一种微妙的平衡。

　　某种意义上，如沃居埃所言：我，是英国化学家的头脑与印度佛教徒灵魂的奇异结合。

　　我知道，这种性情，在很大程度上会阻碍我获得某种世俗意义上的成功，成为一个在专业领域里有着公认建树的优秀学者。

　　但是，我更知道，每一次对外在标准拙劣的模仿，都会让自己面目全非。

　　我更像是一个游牧民，喜欢四处征战借以拓展知识的版图，而非安居一隅，不再渴望迁徙。

　　这中间的区分，非关能力，只涉性情。

　　而这部作品集，正是这种性情而非才华的产物。

　　承蒙知函兄错爱，倡议并鼓励我出版这套个人作品集，本应推脱，但想起早年阅读陶潜，看到武陵人离开桃花源后，带人复返，"寻向所志，遂迷，不复得路"，便颇觉遗憾。如今，能有机会记录下自己知识旅行中的点滴收获，作为路标以让来者欣然规往，不至我曾领略之浩瀚精妙之知识世界，竟无人问津。

　　这项工作应该也还不算毫无意义。念及于此，遂勉力承应。

　　写到这里，其实已与伯林最初区分刺猬、狐狸之意，相去甚远。

　　在他看来，刺猬之道，一以贯之（一元主义）；狐狸狡诈，却性喜多方（多元主义）。因而，如学者张晓波所言，"不是刺猬型的卢梭、黑格尔、谢林、马克思，而是狐狸型的维科、赫尔德、赫尔岑等人，成为这个世界多元自由主义、消极自由的最好实践者，也成为对抗按照一元主义方案设计的极权社会的最好良药。"

　　但其实细想，也没有偏题。

　　在任何一个时代，任何一种场域，想做一只思想的狐狸，都需要对抗一元体制的规训。我身处其中的学术，又岂能例外？

　　是为序。

2018 年 2 月 5 日

序 言

陈虎博士第一部演讲录即将付梓，嘱我作序，作为他的硕士和博士阶段的指导老师，我欣然答应。

陈虎博士是在 2001 年进入中南财经政法大学跟随我学习刑事诉讼法的。在一次刑诉课堂结束之后，他将自己的一篇研究判决书的习作拿给我修改，这是我对他的第一次印象。当天回去之后，我就仔细阅读了这篇洋洋洒洒接近两万字的文章。多年以后，仍然让我记忆深刻的是，这篇文章仅仅有关"判决书"这一微观主题的中外文献就多达 100 多个，而且很多文献都属于跨学科的著作，有的还比较冷僻，足见作者阅读面和知识面之广。我当时就有一个感觉，如果加以严格的学术训练，这位学生应该能够走上学术道路并取得不错的成绩。

此后他的学习和工作经历也的确证明了这一点。在我的指导之下，他在中南财经政法大学相继拿到了硕士和博士学位，期间独立发表了多篇高质量的学术文章，后来又于 2009 年在北京大学法学院博士后流动站进行了两年的博士后研究。在站期间，由于参与了很多和律师辩护实务密切相关的课题研究，并以"有效辩护"为题成功申报了国家社科基金等多项研究课题，陈虎博士逐渐开始集中关注刑事辩护问题，并决定以此领域作为自己将来的学术主攻方向。

以我的了解，陈虎博士并非传统意义上枯坐书斋的研究者，他十分看重和实务界的互动，不但经常参与对刑事辩护的实证调研，还会把调研成果和研究成果转化成实务课程与律师互动，这种在理论和实践之间不断往返、以实务为导向、追求理论的实践质地的研究方法，是我十分欣赏的。正因为这种长期的授课和调研，也反过来促使他形成了独特的语言表达风格，并深受律师和学生的欢迎，经过长期的积累，终于形成了这本演讲作品集。

接到陈虎博士邀约之后，我认真阅读了全书内容，很多观点都让人耳目一新。比如，在"程序失灵的理论解读"这篇演讲中，陈虎博士提到，在私法领域，法律规避的前提是对法律权威的认可，因此，这种规避客观上会产生更多的纠纷解决办法，因而会促进法律多元的形成。但是，在公法领域，这种情况可能刚好相反，对法律的规避不但会损害法律权威，更会形成潜规则盛行的现象，因而带来选择性执法的困境。再比如，在"必须保卫社会？——精神病辩护的困境"这篇演讲中，陈虎博士还提到一个观点：我们的证明理论要求被告方就自己提出的积极抗辩事由承担举证责任，而精神病辩护显然属于积极抗辩，因而需要被告方承担举证责任，但另一方面，我们又不承认被告方有自行进行精神病鉴定的权利，而只能申请鉴定，结果申请一旦被拒绝，就会导致举证不能的败诉风险。这种证明负担和证明权利不相匹配的现象，其实就是诉讼理论盲目和西方接轨而罔顾制度条件所带来的非意图后果。演讲录中类似的精彩观点非常之多，阅读的过程犹如亲临讲座现场，可以感受到作者慷慨激昂的酣畅表达对人的思维和认知所带来的冲击。

当然，任何人的学术轨迹都是一个不断超越既有思想的过程。陈虎博士也不例外。由于视角的独特性以及由此造成的局限性，演讲录中的一些观点也并不尽然都是真理，很多观点明显带有一定的预设立场。比如，在谈论冤案责任追究的演讲中，陈虎博士认为冤案的产生不能归咎于时代因素的看法就显得有些主观和绝对。刑事诉讼法作为一门实践性很强的学科，学者应该尽可能还原那些看不见的物质性决定力量，如果陈虎博士在分析问题的时候，能够将实现公正的约束条件揭示出来，想必结论会更加深刻和公允。

当然，作者并非没有意识到这个问题，在分析精神病鉴定申请为何总是被驳回、律师应否坚持独立辩护观等问题上，已经作出了这样的自觉尝试，但是，我们有理由对作者提出更高的期待，毕竟，如果学术是一种知识生产机制的话，演讲就是一种知识传播机制。它既要遵循知识的内在逻辑，又要顾及传播的心理需求，如何让学术研究的结论不至于在传播中异化，是每个学术演讲者应该首先考虑的问题。

这是一部值得期待，并且不会让期待落空的著作。

预祝陈虎博士有更多更好的作品问世。

是为序。

姚　莉

2017 年 9 月 30 日于武汉

目　录

中国刑事法律处理精神病人的制度途径太少太少。中国的法官只有两种选择，要么"一放了之"，要么"一判了之"。这就是律师在选择进行精神病辩护时不得不面对的、独特的中国式困局。

在建立制度的时候，一定要以性恶论为理论前提，在分析某个社会现象的时候，却一定要以性善论为思考起点，反思是一种什么样的制度让好人最后办成了冤案。人是善良的，但人类为什么又是邪恶的？这是我们反思冤案时必须思考的维度。

辩护人应当在辩护目标和事实问题上充分尊重当事人的意志，但在辩护策略和法律问题上可以适度独立于当事人。辩护人的任何辩护意见都必须和犯罪嫌疑人、被告人进行沟通，尽量取得一致意见，如果无法达成一致，可以退出辩护。

世上并不存在一种所谓天赋的人权，任何权利都会在特定情境下被重新界定其适用范围和边界。为了保护更大的国家和公共利益，恐怖主义分子的人权可以得到限制甚至是剥夺，前提是有权剥夺他人权利的机关必须有其他的力量对其加以制衡。

任何一个国家的程序法发达，都是一个漫长的历史过程，除了技术因素之外，也许，内心抱有对规则的尊重，对于程序法的有效实施也是非常重要的，甚至是更为重要的。宗教不被信仰，法律将形同虚设。

弥散化的事实审理结构是庭审实质化改革的大的背景，就是要把一审变为彻底的事实审，才能让将来的审级制度更符合诉讼原理，让最高人民法院真正能够走到案例指导制度的前沿，让我国变成一个名义上的职权主义国家而实质上的判例国家。

有效辩护概念在中国语境的出现，尤其是被律师群体主动讨论，其实标志着一种思路的转变：我们不再像以往那样盲目谴责公检法机关，而是反思自身的制度角色。所以，有效辩护概念的出现首先是律师群体自觉意识的一个体现，也是这一群体迈向成熟的标志。

法律职业共同体成立的标志不在于有没有发生激烈冲突，而在于发生冲突以后，双方是否用法律规则来解决这些冲突。如果冲突解决模式都在法律框架之外，则法律职业共同体就并不存在。

01 必须保卫社会？

——精神病辩护的困境

演讲地点：华中科技大学法学院学术午餐会第55期

演讲时间：2008年12月18日

法院依附于一门至今尚未完全成型的科学，精神病辩护事由已使法律堕入污名之中。

　　　　　　　　　　　　　　　　　——［美］哈格教授

非常感谢华中科技大学法学院给我提供这样一个宝贵的机会，能以午餐会这样一种新颖的形式向大家汇报我的一些研究心得。今天我想和各位交流的是有关精神病辩护的一个比较微观的话题。

难以启动的精神病鉴定

2006 年 7 月 14 日，陕西汉阴县铁瓦殿道观发生了一起震惊全国的案件，邱兴华因为怀疑道观里有人调戏自己的妻子，在道观中连杀 10 人。根据媒体的报道，他先向每人头部各砍数刀，又用斧头砸向每人头部，而这 10 人之中还有一个孩子。最让人感到震惊的是，邱兴华还把一个死者的眼球、心肺、脚筋挖了出来，炒熟喂狗，逃亡中，又将一个好心帮助他的人砍杀，另外还重伤两人。（唏嘘声）听完邱兴华的这些作案手段，大家可能都会怀疑他精神上是不是有什么问题。在案件进入审判阶段以后，安康市中院一审判处邱兴华死刑。邱兴华不服，提出上诉。在二审阶段，邱兴华的妻子向陕西省高院提交了要求鉴定邱兴华精神病的申请，而且还提供了一些证据证明邱兴华家族有精神病史，从而引发了全国有关精神病鉴定的关注和讨论。

学习过诉讼法的同学都知道，在我们国家的民事诉讼中，双方当事人都有平等的启动鉴定的权利，但在刑事诉讼中就不行，只有司法机关才能启动鉴定，而当事人只能申请重新鉴定和补充鉴定。但如果司法机关根本就没有启动第一次鉴定，那么，所谓的重新鉴定和补充鉴定权就根本没有机会行使。有同学可能会说，当事人可以申请鉴定啊！但大家知道吗，在我们的诉讼制度下，"申请权"往往会异化为"被拒绝权"。正是在这个背景下，贺卫方教授、何兵教授、何海波教授、龙卫球教授和周泽教授五位法学家联名撰写公开信请求陕西省高院以邱兴华案件为契机，推动中国精神病鉴定启动权的改革。说来也很巧，广西原司法鉴定组组长、权威鉴定专家刘锡伟教授，从一次研讨会上回来后意外地看到了本案的介绍，他认为邱兴华的情况正好符合他新近的研究成果，属于一种新型精神病患者，然后就开始呼吁陕西省高院能够允许为邱兴华进行精神病鉴定。大家如果去上网搜一下，还能找到当时《南方周末》对刘锡伟教授的专访，标题就叫《我不是为邱兴华一人奔走》。在采访中，刘锡伟教授也专门谈到司法鉴定的启动权问题。他认为，正是因为鉴定启动权掌握在司法机关的手中，所以，只有他们认为应该做的鉴定，才会同意启动鉴定，司法鉴定部门也才会去做鉴定。但经常的情况是，司法机关或者出于自身认知水平的原因，或者因为快速结案的冲动，往往不提起鉴定，这样就会出现错案，把一些精神病人送上刑场或送进监狱。我们至今还有着"杀人偿命"的固有思维，也一直存在着"不杀不足以平民愤"的司法话语，一旦鉴定出被告人的确患有精神病，就可能要直接释放，因此精神病司法鉴定面临极大的阻力。刘锡伟教授在担任广西司法鉴定小组组长期间，当时的卫生厅厅长就曾经三次帮助他"转弯"，让他改变看法，甚至劝他要珍惜自己的前途，不要轻易给犯罪嫌疑人作出有精神病的鉴定结论。

邱兴华案件后来的情况如何呢？相信大家也能猜得出来，陕西省高院驳回了邱兴华妻子提出的精神病鉴定申请。其实，这远远不是一个个例，很多案件的精神病鉴定申请都有相似的命运。比如，上海杨佳案件的精神病鉴定申请被法院驳回，云南马加爵案的精神病鉴定申请也曾被法院驳回，还有很多，我就不在这里一一列举了。我举这些例子的目的是想和大家一起思考一个问题：法官决定启动精神病鉴定其实是一件非常简单的事情，法学家的请求也很容易满足，但为什么法官往往不愿意启动鉴定程序呢？是因为他素质低下、观念落后？还是有什么其他原因？……我今天报告的主题就是要探究一下刑事司法中到底有一种什么样的深层逻辑，使得法官经常甚至是必须放弃对精神病鉴定的启动，以至于我们的精神病辩护常常因而陷入一种非常尴尬的境地，几乎很难像西方一样成为一种刑事犯罪的有效抗辩。

要想回答这个问题，就必须从精神病人的刑事责任问题说起。我们都知道，根据刑事古典学派中的意志自由论，精神病人犯罪是不用负刑事责任的。比如日本刑法第 39 条规定："心神丧失者不负刑事责任……"我国《刑法》第 18 条也规定："精神病人在不能辨认或者不能控制自己行为的时候造成危害结果，经法定程序鉴定确认的，不负刑事责任……"这种理论认为，每个人都有意志，这是人和动物相区别的根本原因，而意志又必然是自由的，

就像物体必然有重量一样。既然每个犯罪人都有自由意志，而他
又基于这种自由意志选择去实施犯罪行为，法律当然可以责难他、
否定他、谴责他。但是，如果他在不能控制自己意志的情况下实
施了犯罪行为，法律就不能责难他、否定他、处罚他。所以，只
有在自由意志支配下的犯罪"行为"才能够成为刑罚处罚的对
象。自由意志论和行为中心的刑罚观是古典学派非常重要的两个
基石。这样一来问题就很清楚了，精神病人没有自由意志，根本
无法控制自己的行为，所以他的行为自然就不具有可责难性。所
以，精神病人犯罪不负刑事责任。

技术的难题

但是，逻辑上的自洽和清晰并不代表实践中也是可行的，下
面我们可以简单地梳理一下精神病鉴定在启蒙时代确立以后所遇
到的技术上的难题。

德国在日耳曼法时代有一种传统——由所谓的法医医师向法
庭证明某人有没有精神病。但我看了很多的专著，包括何恬教授
的《重构司法精神医学：法律能力与精神损伤的鉴定》和美国法
律文库里的《死刑论辩》中的相关章节，这两本书里都说，精神
病鉴定是 20 世纪才发展起来的一门科学，而且到现在为止都还没
有发展成熟。所以我就感到非常奇怪，在大陆法系形成之前的日
耳曼法时代，既没有科学的检验器材，也没有科学的检验标准，
甚至遗传精神病密码都还没有被破译，当时的人们究竟根据什么

去鉴定被告人是否构成精神病呢？科学？经验？还是仅仅根据臆测？后来我终于想通了，其实，在启蒙时代确立精神病不负刑事责任这一规则，更大程度上只是出于一种与旧司法彻底决裂的象征意义。而这一规则在实践中的实施无非可能产生两个结果：第一，由于法律规定完全不切合实际而被弃置不用。比如，在英国历史上，为了加强对犯罪惩罚的严厉程度以震慑犯罪，甚至连盗窃都要处以死刑，但这种极其严重的处罚却并没有导致犯罪的减少，相反，陪审团在审判时因为担心被告人被定罪后会被处以死刑，所以在同情心的驱使下干脆判处被告人无罪，一种看似相当严厉的刑罚实际上却根本得不到适用。精神病鉴定在当时也很有可能是这种情况，只要是精神病就不负刑事责任，虽然"看上去很美"，但在实践中很有可能会因为放纵犯罪而被弃置不用。第二，在没有技术检验标准和科学仪器的情况之下，规定精神病人不负刑事责任，很容易导致一些人伪装成精神病人，从而蒙混过关。这是有证据证明的，但由于时间关系没有办法过多展开，如果各位感兴趣，可以去看一下法国著名哲学家福柯写的一本非常经典的书——《古典时代疯狂史》，还有他在法兰西学院做的演讲，题目叫"不正常的人"。这两份资料都对古代的精神病鉴定有非常详细的史料梳理，也证明了我的这个观点。

我们再回到当下，看看现在的技术鉴定到底发展得怎样呢？其实，即使在今天，精神病鉴定仍有很多技术难题没有解决。

第一，精神病鉴定缺乏真正客观的鉴定方法和成熟的科学标准。

　　在邱兴华案件中，刘锡伟教授就激烈地批评了中国人民公安大学的李玫瑾教授。在邱兴华案一审前几天，中央电视台记者曾经希望与李玫瑾教授一道去陕西安康采访邱兴华，从犯罪心理学角度解析这个案件，但李教授因为工作太忙无法成行，于是委托央视记者带了两份问卷给狱中的邱兴华，以进一步了解邱的心理问题，问卷分开放性和封闭性两部分，总共 70 多个题目。外界普遍认为，李玫瑾教授就是通过这几十个问题判断邱兴华的精神状态的。刘锡伟教授对李玫瑾教授公开叫板，"如果邱兴华被判死刑，李玫瑾难辞其咎"，指责她曾说过"邱兴华具有刑事责任能力，属人格变态"的观点，是在变相杀人。对这一质疑，李教授的回应是，自己所作的结论并非根据这两份问卷得出，而是基于邱兴华的犯罪行为过程得出的。

　　虽然李教授对自己的结论作出了这样的解释，但实际上，如果大家去了解精神病鉴定过程的话，就会发现，其实现在的鉴定方法的确还是主要依靠问答的方法，也就是所谓的"话聊"。比如，2011 年 4 月 14 日，鞍山市宁远镇二台子村发生特大杀人案，犯罪嫌疑人周宇新在自己开办的大众浴池和洗车店内，将包括他妻子、儿子在内的家人和店员共计 10 人全部杀死。案发后，很多人认为，连自己的妻子、儿子都杀，这个人肯定疯了。但是，有着几十年鉴定经验的 73 岁的精神病鉴定专家吴化民就对记者坦诚了自己的鉴定方法："对于专家们的提问，他的回答虽然都很简短，但条理很清晰；再结合他在作案时，曾经抽了四包烟，杀害自己的三个亲人中间间隔了很长时间，案发后逃逸并且寻机再杀岳父等事实，最终我们得出结论，这个人没有精神疾病。"大家可能万万没有想到吧？如此关系重大的精神病鉴定发展到今天，鉴定手段居然还是如此简单落后！这种"话聊"的鉴定方法究竟是一种经验的判断还是一种科学的判断呢？在这种鉴定方法下，会不会有人伪装成精神病，从而逃避法律的制裁呢？当然有可能，古代的孙膑不就是因为伪装成精神病才逃脱了自己同窗庞涓的迫害吗？（笑）我们再看一个现实中的例子，《北京青年报》1999年9月20日曾经报道过一个案例，因为一件小事与对方发生口角的张某掏出随身携带的裁纸刀猛刺对方胸腹部，对方失血过多，休克死亡。案发以后，由于被告人在卫生学校曾经学过一些精神病知识，认为只要自己伪装得好，就能逃避法律的制裁，结果在进行精神病鉴定的医生面前装疯卖傻，蒙过了鉴定人员，最后真的获得了一张鉴定证书，上面写的是"精神病患者"。啪！盖了一个大章，然后就被无罪释放了，也没有采取任何强制医疗措施。如果他再次杀人，根据这个精神病鉴定结论，还是会被无罪释放，大家想想，这有多可怕！《北京青年报》给这篇报道起的标题非常精彩：《精神病鉴定？还是杀人执照？》。

　　有人说国外是不是也是这样呢？其实，精神病鉴定因为涉及科学问题，所以是一个全世界范围的普遍问题。我们还可以给大家举个日本的例子。日本有一个著名的社会派导演叫森田芳光，他曾经拍了一部电影《刑法第三十九条》。日本人拍片子比较沉闷，但是我看了以后却非常兴奋。这部电影里就反映了一个细节：主人公柴田用极其残忍的手段杀害了一对夫妻，在被警察抓到以后，一个即将退休的老法医和一个刚刚走进法医队伍的女法医对他进行了联合鉴定，鉴定也是采用问答的形式，老法医问了几十个问题以后，最后鉴定被告人为精神病患者，法庭宣布当庭无罪释放，但是那个年轻的女法医总觉得哪里不对劲，因而要求对被告人重新鉴定，最终在法庭上证明柴田的精神病的确是伪装的。谎言被拆穿以后，法官问被告人为什么要伪装成精神病患者，柴田在法庭上做的一段陈述给了我很大的震撼。他说，10 岁时，有一天晚上，他 6 岁的妹妹一直没有回家，第二天早上才发现她在树林里被人奸杀了，但凶手在法庭审判时被鉴定为患有精神病而逃脱了法律制裁。柴田从此开始仇视社会，但他认为日本刑法第 39 条关于"精神病人不负刑事责任"的不合理规定才是万恶之源。长大后，他找到当初的凶手，用极其残忍的手段杀害了他们，然后伪装成精神病患者，借此逃脱法律的制裁，利用刑法第 39 条来反抗社会。但整部影片看下来，大家会发现，不论是鉴定他为精神病，还是揭穿他不是精神病，用的都是问答这种最原始的判断方法，毫无科学依据可言。

第二，即使医学上将来发展出了相对确定的检验标准，医学的标准和法学的标准也是不一样的。

大家可以猜一下，我国精神病患者大概有多少人？实际情况恐怕远远超过大家的想象。根据中国疾病预防控制中心精神卫生中心 2009 年初公布的数据，我国各类精神疾病患者人数在 1 亿人以上，仅仅重性精神病患人数就已经超过了 1600 万人。（唏嘘声）这是按医学上的标准统计出来的精神病患者的人数，大家可以想象一下，如果这些人都是刑法意义上的精神病人，犯罪不用承担刑事责任的话，这是不是一件非常可怕的事情。所以，精神病的医学标准和法学标准肯定应该有所区分。1975 年德国修改刑法的时候，曾把人格违常、精神官能症和欲望冲动异常等情况也列入精神病的范畴之中。该改动引发了学界普遍的担心：会不会导致"堤坝决口"，使得无罪判决严重扩大化？今天我们的重点不是去讲解医学标准和法学标准具体的差异表现，但有一点我们可以确定，就是两者不能也不应是同一个标准。所以，是否构成刑法意义上的精神病人，最终不负刑事责任，一定要由法官而非鉴定人说了算。我发现，英国经过长时间的精神病辩护和审判实践，最后规定：在精神病人的刑事责任问题上，精神病医师出具的只是专家证据，只是对其精神状态的一种判断，而绝对不能左右判决的结果，法院对其是否应当承担刑事责任享有最后的决定权。美国也在 1984 年规定，对于判断被告人是否应负刑事责任，应该是陪审团而非专家证人的职责。这个大家如果感兴趣的话，可以去找司法精神病学者何恬老师的相关文章看看。

　　但是，咱们反观中国的立法，"精神病人'经法定程序鉴定确认的'，不负刑事责任"。大家看，只要经过鉴定程序鉴定确认被告人是精神病人的，就可以不负刑事责任，这一规定就等于把判断是否应负刑事责任的权力完全交给了鉴定人。这样一来，一旦案件启动了精神病鉴定，法官就不得不把这一部分的事实认定权实际让渡给鉴定人，而一旦有了鉴定结论，法官就必须采纳而无法推翻。既然精神病鉴定手段并不那么可靠，医学标准和法学

标准又不完全一致，将判断被告人是否应负刑事责任的权力完全
交给鉴定人就更不应该。即使医学上将来有了一个科学的鉴定标
准，我觉得，也不能够让精神病医师对刑事责任问题享有最后的
决定权。

第三，精神病鉴定的错误率相当高。

1999年，中国山东发生一个案件，一个妇女把自己的孩子活
活摔死了。我们都知道，虎毒尚不食子，何况人类？所以大家都
觉得她有精神病，相关机构也对她进行了精神病鉴定，而且总共
鉴定了三次，但每次鉴定的结果都不一样。我们再来看一下西方。
1951年，德国有一个叫希福特的教授研究了海德堡医院的鉴定结
果，发现其中与第一次鉴定意见相同的只有45.7%，而不同意见
则有54%，此外，在责任能力的鉴定意见上也有非常大的差异。
我们再来看看美国刺杀里根总统的欣克利案件。欣克利刺杀里根
总统未遂后，人们对他进行了精神病鉴定，第一次鉴定结果认为
欣克利没病，可第二次鉴定却完全推翻了第一次的鉴定结果，不
但确定有病，而且病得不轻，最后哥伦比亚地区法院根据第二次
鉴定结果，判定欣克利无罪，由此引发了美国精神病辩护制度的
巨大改革。

后果主义的考量：假如被告真有精神病？

通过这几个例子我们可以看到，精神病鉴定的技术问题非常大。那么现在问题就来了，精神病的鉴定既然没有科学的标准，又那么容易出错，一旦鉴定错误，将被告人放归社会的话，后果将不堪设想。邱兴华案件发生后，当时整个媒体上铺天盖地都是要维护邱兴华进行精神病鉴定权利的声音，但也出现了一些不同的声音，中国人民大学的李奋飞博士写了两篇文章，一篇是《为什么人们对杀人恶魔充满同情？》，另一篇是《假如邱兴华真的被鉴定为精神病人》。我们不妨根据这个题目来设想一下，假如邱兴华真的患有精神病，后果会怎样？这才是法院决定是否启动精神病鉴定时心底最真切的担忧。

为了让大家知道后果到底有多严重，我给大家讲个数据。海口是 2006 年全国 60 个重性精神疾病监管示范区之一，但是，由于监管困难，就在当年，海口市就有 39 人被精神病人杀死，17 人被精神病人致伤，6 人被精神病人强奸，精神病人肇事肇祸率极高。大家看，一旦被鉴定为精神病放归社会后，我们既没有对精神病人采取强制医疗措施，也没有由家属对其严加看管，在保护了精神病人权利的同时，却让更多无辜人面临生命财产的危险。这已经不是书斋里的逻辑推演，而是生活中血淋淋的现实！

我们究竟应该保护谁的利益？是精神病人的程序权利，还是社会的公共安全？社会利益和个人利益之间的冲突应该如何调和？

正是对这些问题的思考在西方催生了一个崭新学派的诞生。意大利有一个非常著名的犯罪学家叫龙勃罗梭，正是他发明了著名的"天生犯罪人论"。龙勃罗梭生活的年代犯罪激增，他12岁时就开始研究罗马考古学，但后来兴趣转向了精神学，先后担任了都灵大学精神病学教授和精神病院院长，后来还当过很多监狱的狱医，有机会到很多监狱去对罪犯进行实证的接触和研究。1871年，有一个地方逮捕了一个叫维莱拉的土匪头目，邀请龙勃罗梭对维莱拉的尸体进行解剖，他意外地发现，维莱拉头颅的枕骨上有一个明显的凹陷，根据人类学的研究成果，这种身体特点是古代野蛮人才会有的。他突发灵感：是不是这些犯罪人的生理结构就决定了这些人将来一定会犯罪？是不是一出生就决定了这个人有犯罪基因？如果这类人一辈子都没有犯罪，并不是因为别的原因，而仅仅可能因为他活的时间不够长，还没有得到犯罪的机会？龙勃罗梭由此创立的天生犯罪人理论开辟了西方一个非常重要的学派，就是和刚才我讲的刑事古典学派相对应的刑事实证学派。这一学派认为，一个人是否犯罪，不是出于自己自由意志的选择，而是由身体的先天结构决定的，这样一来，自由意志理论和行为中心的刑罚观就都被推翻了。刑法从此开始关注行为人的危险，而不再像以前一样仅仅关注行为本身。

龙勃罗梭　　　　　　　　菲利

后来，龙勃罗梭的两个学生继承了他的思想，一个是加罗法洛，另一个是菲利。加罗法洛紧接着就提出了一个想法：一旦发现某人是具有危险性的精神病人，为了保卫社会公共安全，就应将其永远关押，直至痊愈。而菲利的博士论文题目就是《刑事责任论与自由意志之否定》，把古典学派建立在自由意志基础上的理论全部推翻。而且菲利后来还当上了意大利刑法修改委员会的委员长，专门制定了以他名字命名的《菲利刑法草案》，他提出的改革建议相当极端，要用危险性代替行为，要用保安处分代替刑罚。换句话说，只要一个人有危险性，哪怕他还没有犯罪，也要把他关起来，而不是像以前一样只有实施了犯罪行为才能对其进行惩罚。当时社会因为犯罪现象激增，客观上也确实需要这种理论出现。但当时这个法典太过激进，因而没有得到采纳。

讲到这里，我们可能会自然产生一个问题：在"有精神病即无刑事责任能力"的法治原则面前，在精神病鉴定尚没有更为科学标准的当下，难道我们就只能通过拒绝启动精神病鉴定程序来防止社会利益受到损害吗？答案当然是否定的。其实，问题的关键并不在于是否为被追诉人进行精神病鉴定，而在于我们是否为防止精神病人危害社会提供了足够的防御手段。实际上，即使在以人权保障闻名的美国，在精神病鉴定的问题上也经历了一段艰难的发展历程。1981 年，26 岁的无业游民欣克利喜欢上了年仅 14 岁的女演员朱迪，欣克利特别想向朱迪表达爱意，但是无论他怎么表达对方都不接受，后来他发现在影片中，朱迪因为一个人开枪射杀了正在竞选的总统而对其心生爱慕。欣克利决定效仿片中情节，以引起朱迪的注意，他临行前写下一封遗书，声明自己这样做是为了证明对她的爱情。当他开枪行刺总统以后，他的父母觉得儿子疯了，开始申请为其进行精神病鉴定，第一次鉴定结果为没病，第二次鉴定结果为有病。1982 年，哥伦比亚地区法院依据第二次鉴定结果将其无罪释放。公众早已郁积的对精神病辩护的抵触心理终于在该案判决后集中爆发，并最终促成了全美国对于精神病辩护制度的彻底改革。

作为这种民意的直接体现，相继有四个州彻底废除了精神病辩护事由，而更多的州则对相关法律进行了实质性的修改，以在被追诉人权利和社会利益之间取得最佳的平衡。

比如，第一个举措，修改了精神病辩护的举证责任。目前已有 34 个州要求由被告方对患有精神病承担证明责任，由此提高被告方的辩护难度，在一定程度上遏止这种辩护事由的随意使用。第二个举措，完善通过民事收容对精神病人进行强制医疗的制度体系。根据 1800 年的《刑事精神病人法》，对犯罪时患有精神病的人虽应宣告无罪，但法院必须发布命令将被告予以羁押直至其恢复神志为止。1964 年的《（精神病患者）刑事程序法》对该制度进行了进一步的完善，以防止被追诉人被宣告无罪后放归社会带来的巨大危险。第三个举措，开始逐渐采取"有罪但有精神障碍"的裁决方式，以取代传统的精神病患者不承担刑事责任的做法。刚才我提到过，虽然当时菲利的法典没有被采纳，但在后来由此形成了古典学派和实证学派的折中。怎么折中的？就是通过定罪与量刑程序分离实现的。也就是说，在定罪阶段，先审理犯罪行为，只要杀人就判你有罪；到了量刑阶段，就看你是不是有病，如果有病就减轻处罚。这就是一种折中的方法，把程序分为两个阶段，一个阶段解决行为问题，另一阶段解决危险性问题。所以西方由此出现一个名词叫"有罪但有精神障碍"。所以，在美国很多州精神病已经不能被无罪释放了，而是先判你有罪，确保能把你关起来，再决定从轻处罚。有人说这是不是一个特例？不是。瑞典也是这么做的，英国也是，很多重视社会防卫的国家也都采取了类似的做法。支持者认为，既然精神病认定结果的准确性如此不确定，就应当将精神错乱这种辩护事由从定罪审理程序中排除出去，而将其在独立量刑程序中与被告人的品格证据和先前犯罪记录一起作为量刑情节加以使用。简单而言，即使是精神病人也应该承担刑事责任，只是量刑应当有所减轻而已。最后，还有一种叫作保安处分的做法。这种制度是由德国刑法学家克莱因首先提出的。他主张，只要发现你有精神病，不管杀没杀人，先用一种保安处分的方式把你关起来，在此期间不断地进行精神病鉴定，直到发现你痊愈了才放出来。这些措施都是和我们所熟悉的保障人权的理念截然相反的，这让我想起了福柯的那句著名警句：必须保卫社会！

原因的原因不是原因

讲到这里，大家可以发现，精神病鉴定所面对的困境与定罪和量刑阶段的划分、刑事责任的理论基础、治安法网和刑事法网关系的定位以及保安处分制度的建立等一系列问题都是密切相关的。

但是，反观我国，我们对精神病人的处遇手段却非常匮乏。第一，我国现在的庭审是定罪与量刑合一的，定罪和量刑问题是一起审理、一起解决的。所以犯罪行为和犯罪人的危险性必须一并加以解决，刑事实证学派的观点在我国的制度环境下几乎无法得到很好的体现。第二，我国没有专门针对未然犯的保安处分制度，即使知道某人有很大的危险也不能把他先关进来，必须等他犯罪才能处罚。第三，我国强制性医疗措施还没有建立（2012年新《刑事诉讼法》已经建立了强制医疗制度——作者注），虽然刑法规定精神病必要时由政府强制医疗，但什么叫"必要时"？政府没有足够的财力、人力，尤其是没有足够的动力去对精神病患者进行监管，导致精神病患者一直流于非监管状态。在这种没有针对精神病犯罪进行民事收容等相关的配套制度的环境下，却又在刑法中确立了精神病不负刑事责任的基本原则，两者同时并存的结果必然是将更多具有人身危险性的罪犯放归社会，必然最终危害社会的公共安全。

现在，我们似乎可以得出一个结论，我们处理精神病人的制度途径太少太少，因此法官只有两种选择，要么"一放了之"，要么"一判了之"。"一放了之"对法官而言风险又如此之大，法官当然只有选择拒绝启动精神病鉴定，对被告人"一判了之"。这就是律师在选择进行精神病辩护时不得不面对的、独特的中国式困局。

美国有个学者叫悉尼·胡克，他写了一本书叫《历史的遗产》，里面有一句话非常经典："原因的原因不是原因。"观念、文化、素质都不能解释我们现在刑事司法出现的很多现象。在我们评价法官素质低下、观念落后的时候，我想我们无法解释为什么学者一旦当了法官以后，观念怎么突然之间也"落后"了，为什么一个博士毕业的法官在判决案件的时候，他的素质就突然之间"降低"了。可见，很多问题的立场其实根本不是观念和素质的原因。分析到现在，可能大家和我有类似的感受，似乎不能再简单地指责法官不重视人权保障了，这背后有太复杂的因果关系。

所以我觉得，程序正义的实现必须考虑一个国家的配套制度，甚至必须考虑科学技术发达的水平。我们在批判司法实践"落后"的时候，也应该知道，任何在实践中大行其道的做法可能都有一种强大的实践逻辑，使其"不得不"如此行动。作为一名从事社会科学研究的学者，搁置价值判断，将精力首先集中在探究这种"不得不"的实践逻辑之上，努力揭示影响程序权利实现的诸种因素，恐怕将是我们必须树立的研究观念和学术伦理。

　　以上就是我这次报告的主体内容，希望今天这个微观话题的介绍和梳理对于大家思考其他宏观议题能有一些方法上的启发，谢谢大家！

互动问答（这一部分为在各地进行同主题演讲时的问答精选）

提问 1： 陈老师，如果一个辩护律师为他的当事人提出精神病辩护，这个举证责任应该由谁来承担？如果是由辩方承担的话，他们又不能主动启动鉴定，一旦法院拒绝鉴定，他们不就没有办法履行证明责任了吗？

答： 这个问题问得非常到位。其实，这正是精神病辩护在我国地位特别尴尬的根本原因所在。大家都知道，在英美法系中，控方负责承担指控犯罪的证明责任，而辩方则对辩护事由承担证明责任。不在犯罪现场、没有作案时间、精神病等等，都是需要由辩方加以证明的。但是，他们在承担证明责任的同时，也有相应的证明手段保证这一责任可以得到切实的履行。毕竟，他们可以自行启动精神病鉴定，诉讼双方都可以聘请专家出具鉴定意见。也就是说，英美法系中辩方的证明责任和证明权利是匹配的。而恰恰在这一点上，我们国家存在严重的制度缺陷。因为我们的刑诉立法笼统地规定刑诉证明责任一律由控方承担，所以，在总体观念上，就不会认为还有再赋予辩方启动鉴定的必要。这样一来，辩方一方面要对精神病辩护承担证明责任，另一方面，我们的诉讼制度又没有赋予其证明的手段和权利，证明责任和证明手段严重不匹配，他当然就无法履行这个责任了。所以，我们国家精神病辩护从来没有成为一项重要的辩护手段，其根本原因就在于证明责任和证明手段不匹配导致的结构性差异。谢谢你提的好问题。

提问 2： 陈老师，您的讲座非常精彩，但我也有一个困惑，您对于法官经常驳回辩方精神病鉴定的申请，似乎持一种批判的立场，但是我觉得，如果这些申请法官一律批准的话，对司法资源也会是一个巨大的浪费，所以，问题不在于法官能不能对这些申请进行初步筛选，而在于法官应当以什么样的标准来进行这种筛选。陈老师的讲座似乎没有提到这一点，我想听听您对这个问题的具体看法。

答： 你的确非常敏锐，捕捉到了一个很重要的细节问题。法官究竟应该以什么标准来驳回或是支持精神病鉴定申请？关于这一问题一直存在"有病推定"和"无病推定"两种立场的争论。所谓"有病推定"，意思是凡是申请做精神病鉴定的，都要以有病为假定，以启动精神病鉴定为原则，以不启动为例外；而所谓的"无病推定"则刚好相反，凡是申请做精神病鉴定的，都应以无病为前提，以不启动精神病鉴定为原则，以启动为例外。我个人比较支持"有病推定"的立场，理由有两个：第一，"有病推定"可以尽可能多地启动精神病鉴定，能更好地保护被告人的程序权利，因而更符合"无罪推定"原则的要求；第二，大家经常听到的"无病推定"是有一定适用场合的，比如，个别地方的上访户会被当地政府以精神病为由送往精神病医院，而且医院往往在没有对其是否患有精神病作最后诊断的情况下，就对这些上访户进行长时间的强制住院治疗，形同拘禁。在这种场合下，强调"无病推定"恰恰是出于对上访户利益的保护。但在精神病鉴定申请问题上，无病推定却暗含着一种有罪推定的逻辑，直接损害被告人利益。这里面的逻辑是不同的。所以，大家一定要注意区分不同的语境，看到话语表象背后的实质。当然，关于这一问题，还没有形成定论，我说的也只是个人看法，大家还可以继续研究。不过，就你刚才提的问题而言，在鉴定程序的启动环节，法官究竟应该怎样确定驳回或支持鉴定申请的具体标准，的确是一个研究的空白，我还没有见到相应的理论成果。

推荐阅读：

1. 李奋飞："假如邱兴华真的被鉴定为精神病人"，载李奋飞：《失灵：中国刑事程序的当代命运》，上海三联书店 2013 年版。

2. 刘仁文："对有危害行为的精神病人不能一放了之"，载《检察日报》2003 年 10 月 29 日。

3. 桑本谦：《理论法学的迷雾——以轰动案例为素材》（增订版），法律出版社 2015 年版，第一章"反思权利话语——回眸邱兴华案"。

4. 黄丽勤：《精神障碍者刑事责任能力研究》，中国人民公安大学出版社 2009 年版。

02 仅仅平反是不够的

——冤案平反的制度反思

演讲地点：北京市盈科（广州）律师事务所2016年

刑辩高峰论坛

演讲时间：2016年12月17日

只要有下层阶级，我就同俦；只要有犯罪成分，我就同流；只要狱底有冤魂，我就不自由！

——［美］戴布兹

非常感谢主办方安排我在这个重要的环节做开场分享，今天我演讲的题目是"冤案平反的制度反思"。

2005年，媒体在这一年里相继曝光了十几起冤案。4月中旬，河南省张海生强奸案；6月中旬，湖南省怀化市滕兴善故意杀人案；7月下旬，吉林省磐石市王海军故意伤害案、山西省柳林县岳兔元故意杀人案；8月中旬，河南省禹州市王俊超奸淫幼女案……举国关注的佘祥林案也是在那一年见诸报端，被国人所知的。大家都知道，能够被媒体关注并宣传的冤案都有两个特点：第一，一般都是传统的暴力犯罪；第二，一般都被判了死刑。而2010年，河南商丘赵作海冤案的曝光更是成为压倒中国刑事司法的最后一根稻草，并直接促使《关于办理死刑案件审查判断证据若干问题的规定》和《关于办理刑事案件排除非法证据若干问题的规定》这两个证据规则的出台。而最近三年来，我们断断续续地听到了很多冤案平反的好消息：呼格案、念斌案、聂树斌案……很多人都为此感到振奋，认为刑事法治的春天已经到来。

你看，一方面，冤案在不断曝光，另一方面，冤案又在不断得到平反，当上述这些相互矛盾的信息同时摆在面前的时候，就会让人产生很多困惑：我们究竟应该如何评价这一套运转了30多年的刑事司法体系？每次思考这个问题，我都会想起小时候看过的一幅漫画，讲的是两个单位卫生状况相差非常大，但在年底却双双获得了市里的"卫生先进单位"称号。第一家单位获奖的原因是"本单位今年没有发现一只老鼠",而第二家单位获奖的理由则是"本单位今年灭鼠一万只"。(笑)你说我们到底该如何评价这两个单位的卫生状况?好像怎么说都是成绩,这和我们如何评价刑事司法的道理其实也是相通的。大家也可以思考一下:究竟刑事司法是应该以"天下无冤"作为良善司法的标志,还是应该以"不断平反"作为良善司法的标志?毫无疑问,"天下无冤"当然应该是最为理想的境界,但现实生活中很难实现,正如罗尔斯所言,刑事司法属于不完善的程序正义,无论我们怎么设计制度,冤案的发生都是不可避免的。因此,作为一种制度建设的次优选择,如何构建和完善冤案平反机制恐怕才是我们现实中需要研究的首要课题。关于冤案平反机制,限于时间,我准备和各位分享以下几个方面的反思。

冤案平反,为何总要先"发现真凶"?

第一个反思,冤案平反为何总是以"发现真凶"或"亡者归来"为前提?

最近,有一个平台找到我,希望我能对近年平反的几起冤案发表简短的评论,讲讲冤案平反的制度意义。我想了很长时间,最终还是决定放弃,因为我觉得,这几起冤案的平反只具有个案意义,呼格案和念斌案在没有发现真凶的情况下以证据不足再审改判无罪并没有被确定为一项规则,因而只是两个孤立的平反事件，只能用当事人的"幸运"来形容，而法律人为此欢呼雀跃，似乎有些高兴得太早了。

比如，在聂树斌案的平反过程中，王书金案的审理结果就始终是一个关键的前提。某公安局副局长就曾公开表示："只有王书金被确定为真凶，聂树斌才不是真凶。"最可怕的是，这种观点非常普遍，我认识的很多司法人员都是这种立场。一定要查清王书金是不是真凶，才敢给聂树斌案作出结论，所以聂树斌案的平反过程才会如此艰难。但是，我想反问的是，王书金案真的有那么重要吗？难道王书金不能被证明为真凶，聂树斌就一定只能被定罪吗？两者之间有必然的逻辑关系吗？如果王书金案和聂树斌案的证据都不足以定罪，能不能对这两个案件同时适用疑罪从无，进而给聂树斌直接平反呢？很可惜，在中国要做到这一点，非常之难！冤案的平反往往需要"发现真凶"或者"亡者归来"。

接下来的问题是：为什么冤案平反一定要以"发现真凶"或者"亡者归来"为前提呢？这背后到底有什么深层逻辑吗？

众所周知，中国的证据标准是"事实清楚，证据确实、充分"。但是，这其实只是一种纸面上的宣示，实践层面的操作标准与之相差甚远。西南民族大学法学院的周洪波教授曾经对此做过专门研究，他发现，法院判决书很少使用"事实清楚，证据确实、充分"的表述，而更多采取如下表述："以上事实已经形成证据锁链""以上证据足以认定""以上证据相互印证"，周教授认为，这其实体现了法官对事实认定准确性并无绝对信心的一种内心状态，所以才会换成所谓"印证""足以认定"的替代性表述方式。

　　以前我们一直说，中国实行的是一元化的证明标准，不但三大诉讼法的证明标准一样，就连不同诉讼阶段的证明标准都是一样的。但实际情况却恰恰相反。比如，一审中证据不足的法律后果是无罪释放，而二审中如果证据不足，法律后果就是发回重审而非直接改判无罪。你看，二审的时候，证明标准其实已经悄然发生变化、打了折扣了。所以，不要以为我们已经确定了"疑罪从无"原则，至少在二审中就没有贯彻这一逻辑。到了再审阶段，证据不足的法律后果就更为特殊了，如果当事人仅仅指出证据的疑点，甚至连再审程序都启动不了，更不要说改判无罪了。2005年，当聂树斌的母亲去为他儿子申诉的时候，其实就已经发现了很多证据上的疑点，但是，仅凭这些疑点，不要说推翻原判，就连启动再审都无比艰难，再审的启动程序就耗费了他们长达 11 年的时间！所以，我国实行的可能并非所谓的一元化的证明标准体系，也并没有在诉讼程序中全面贯彻"疑罪从无"的证据理念。再审改判的证明标准无疑要比理论上更加严格。平反的难度正是这种证明标准的实质性差异带来的直接后果。

　　分析到这里，刚才的问题就很好回答了。司法人员之所以只有在"发现真凶"和"亡者归来"的时候才敢平反，其实就是这种证明标准观的反映。因为只有发现了真凶，或者被害人没死，才能百分之百地确定这是起冤案，而不仅仅是证据存疑。但是我们不禁要反思一个问题：二审和再审可是救济式程序啊！救济式程序不是更应以保障人权为制度前提吗？证明标准在这方面发挥的作用和功能应该更大才对啊！实际上，西方国家对于有利于被告人的再审，其限制性条件也远远低于不利于被告人的再审。可我国的程序设计恰恰相反，在救济式程序当中，证明标准反而更为偏向于犯罪控制，启动有利于被告的再审反而更加艰难，这和救济程序的设置初衷完全相反。只有发现真凶，或者亡者归来，百分之百地确定为冤案以后才敢启动再审，这种救济审的理念是我们在考虑冤案平反制度时不得不面对的首要问题。我们必须回答：生效裁判的稳定性和冤案再审的启动条件之间，应该是一个什么样的关系？

冤案追责：都是时代的错？

再说说我的第二个反思，办案时期技术条件落后，办案水平粗糙可否成为冤案平反中的免责理由？

在冤案平反的后续追责过程中，我们经常会听到这样一种论点：有人认为，不应该追究办案人员的责任，因为很多冤案的产生都是因为当时技术条件落后，办案水平粗糙导致的，应该归咎于时代。我们可以来分析一下这个逻辑到底是否成立。今天现场也有一些公安战线的朋友，下面我的一些观点可能有些人会不完全认同，这没有关系，本来这就是一个开放的平台，我们以仁心说、以学心听、以公心辩，平心静气地从各个角度来探讨和认识问题才是最重要的。

不过讨论一定要进入案件细节才有意义，就以佘祥林案为例吧。有人说，佘祥林之所以被冤枉，就是因为当时没有给被害人尸体做 DNA 鉴定，而这在当时的技术和经济条件下是不能苛求办案人员的。因为当时湖北省只有武汉才有鉴定的条件，但是做一次鉴定就要花费大约两万元人民币，要知道，在 20 世纪 90 年代，两万元人民币可不是一个小数目，可能相当于现在的几十万、上百万，就是放到现在，办案机关也不一定付得起这么高昂的成本。因此，很多人，包括一些著名学者都认为不宜追究办案人员的责任。这话说得到底有没有道理呢？我手里有一个数据，全国第一次使用 DNA 来判案是在 1984 年，即使到现在，用 DNA 来判案的也不足 10%。还有一个数字，有人统计了从 1998 年到 2008 年的 23 427 份刑事裁判文书，其中有 DNA 作为定案根据的最低的年份是 0.37%，最高的年份是 2.21%，平均是 1.23%。即使在美国，也只是到了 2003 年，所有人才开始进行 DNA 鉴定，所以从这个角度来说，在 20 年前没有做 DNA 鉴定是完全可以理解的。

但是，这仅仅是说没有做 DNA 鉴定是可以理解的，并不代表发生冤案就是可以免责的，这是两个不同的问题。按照免责说的逻辑：DNA 鉴定是该案定罪的关键证据，因为没有条件做 DNA 鉴定，所以无法确认死者身份，最终产生了冤案，因而不能追责。但是，这个逻辑是经不起推敲的。这个案件最后之所以办成了冤案，真的是因为没有做 DNA 鉴定这么简单吗？即便没有这道程序，是不是这起案件就没有避免冤枉佘祥林的可能了呢？其实，在佘祥林案的侦查过程中，哪怕当时办案人员认真按照当时的辨认规范进行操作，也不至于错误认定尸体身份，其实能不能确定死者身份和有没有进行 DNA 鉴定并没有必然的关系。再比如呼格案，也有很多人为当时没有做 DNA 鉴定进行辩护，但是我想说的是，即便我认可没有做 DNA 鉴定的合理性，但是，在这样一起严重的强奸杀人案中，办案人员竟然连手印和脚印都没有搜集，这能说得过去吗？有一个大咖在网上跟我辩论说，当时办案水平就那么低，不能苛求办案人员，我当时就反问他：当时办案水平真的低到连人的脚印、手印都没办法搜集吗？当时公安部有没有现场勘查的规范性文件，要求必须搜集手印和脚印？如果有这个要求而做不到，到底是技术原因还是办案人员的态度问题呢？而且关键是，当时的水平真那么落后吗？要知道，呼格吉勒图案是内蒙古的呼和浩特市公安局来侦查的，如果说一个偏远地区的公安局不搜集手印、脚印那也就算了，可那是一个省会城市的公安局啊！还有，你说是技术条件所限，连脚印都搜集不到，那为什么卷宗里又有精斑的证据呢？难以想象：因为技术条件无法搜集到脚印，但却有技术条件可以搜集到精斑，这个矛盾又该怎样解释呢？

　　还有，认为当时没有条件做 DNA 鉴定，所以不应追究办案人员责任的说法还存在着第三个逻辑错误。按照这种说法，DNA 鉴定既然那么重要，有它才不会判错案，没它就一定判错案，那就没法解释为什么呼格案的平反也是在没有 DNA 结论的情况下作出的。可见，没有 DNA 结论也并不意味着一定会作出错误的判决！大家可以到网上看一下呼格案的再审判决书，你会发现，这份判决书并没有引用任何新的证据，也根本没有重新做 DNA 鉴定，完全是根据当年的旧证据作出的无罪判决。面对同样的证据，当年认定为证据确实充分，而现在则认定为证据不足，所以，究竟是

DNA 鉴定这份客观证据的缺失导致了冤案，还是对证据的不同认识和判断导致了冤案，这岂不是再明显不过的结论吗？所以，冤案产生的原因，和当时所谓的技术条件并没有任何必然的因果联系。以时代的落后为借口开脱办案人员的责任是一种似是而非的理由，很具有迷惑性。

如果上述观点让一些朋友不愉快，我首先表示抱歉，我当然相信，没有一个办案人员是希望把案子办成冤案的，但是，正是基于这一认识，我们才更应该反思，是一种什么样的合力最终造成了冤案？在建立制度的时候，一定要以性恶论为理论前提，但是，在分析某个社会现象的时候，却一定要以性善论为思考起点，反思是一种什么样的制度让好人最后办成了冤案。人是善良的，但人类为什么又是邪恶的？这是我们反思冤案时必须思考的维度。

我们还可以回溯一些古代著名的冤案，可能也会有助于我们对于问题的思考。比如，关汉卿笔下的窦娥。窦娥 7 岁的时候就被卖到蔡家做童养媳，丈夫意外身亡，结果张驴儿父子看中了窦娥，希望能够把她娶过来，就下了毒准备毒死蔡婆婆，以逼窦娥就范，但没想到张驴儿的父亲却误服毒药死掉了，所以张驴儿就诬告窦娥，窦娥为了保护婆婆，被迫承认是自己毒死了张驴儿的父亲，结果被判了死刑。大家对这个故事都非常熟悉。朱苏力教授对这个冤案进行了一番分析，得出的结论是：当时科学技术不发达，无法进行毒化分析，所以没有办法把窦娥案查得水落石出，如果科学技术发达，窦娥这起冤案就不会发生。所以程序法学者不要再讲保护人权，不要再讲提高素质，而应该好好关心公安局技术装备的改善和科技人员的训练和配备，多建一些物证鉴定中心。苏力教授的观点和实务部门的观点非常类似——冤案的产生有时代的原因，不应该苛责办案人员。这一结论看似非常有理，但，古代冤案的产生真的是因为科学技术的落后吗？

邓建鹏教授曾经专门研究过历史上真实发生过的一个叫"错斩崔宁"的案件。细节是这样的：有一个女的把她丈夫给毒杀了，然后就和另一个叫崔宁的男子一路同行。官府发现崔宁不但和这个女的有暧昧关系，而且还在他身上发现了 15 贯钱，而死者身上又正好丢了 15 贯钱，因此自然怀疑崔宁就是杀人凶手，不然怎么会有这么多巧合？最后果然就依据这些证据把崔宁给斩了。有人就说，这起冤案就是因为当时科学技术不发达，没有毒化分析技术导致的，可事实果真如此吗？要知道，这起案件发生的时候，《洗冤集录》已经成为普遍的鉴定依据了。即便按照当时检验的方法和程序，只要严格操作也不可能冤枉崔宁。比如，当时已经有要求，试毒前要把银针擦拭干净，但在错斩崔宁这个案件现场勘查的时候，两个勘验人员根本没有按照这个要求操作，而是拿出银针直接试毒。所以，不要动辄就把责任推给时代，哪个时代也没有要求不按照既有的规则办案。况且，即便按照古代的办案条件和标准，窦娥案和崔宁案也都属于典型的冤案，司法人员也都是要承担错案责任的。

再和大家讲下杨乃武与小白菜这个案子。杨乃武与小白菜被指控私通，用砒霜毒死女方亲夫，被分别判处凌迟和斩立决，这个案件从江浙一直打到北京，平反历时三年有余，100 多个官员全部卷入此案。可就是这起冤案，最后平反的原因有多简单，大家知道吗？最后就是开棺验尸，做了一次毒化分析，然后证明死者根本就不是中毒而亡，这个案子就平反了。一个这么简单的毒化分析，当时已经完全有条件去做，但就是不做，可见，其实时代因素根本不是主因。现在很多学者，貌似中立地把错误推给时代，为那个时代的错误办案开脱，以此体现自己独立的思考和视角，并美其名曰要"同情地理解"当时的办案人员。我觉得，在某些案件中这个结论是成立的，但是，至少在以上几个案件中，这个观点无法说服我本人。大家对冤案产生机理的因果分析有的时候虽然貌似中立客观，但是，解释和辩护往往只有一线之隔。我们要细致地进入案件的细节，才能厘清错案真正的因果逻辑，而不是一味地把错误归于时代，变成阿伦特笔下"平庸的恶"，最后由一个空洞的大词承担所有历史的责任。一切都是希特勒的原因，每一个按下按钮的人都没有责任，这种逻辑我是不能接受的。在我看来，每一个按下按钮的人，的确不应该承担和希特勒一样的历史责任，但是，这只是责任大小的问题，而并非免责的理由。

从重、从快？

还有人可能会说，就算科学技术的落后不是免责的原因，但是你知道当时严打的历史背景吗？在强调"从重、从快"严厉打击犯罪的整体环境之下，办案当然不可能像现在这样精细，因而必然是粗糙的，因此，不能苛求每一个普通的办案人员。

不得不说，这一点我的确认同，讲到当时严打的背景和普遍的办案模式，的确有很多无奈的因素。有一个细节，这几起平反的冤案大都发生在 20 世纪 90 年代严打的背景之下。比如，呼格吉勒图案件就是 1996 年发生的。当时中央认为全国的治安形势发生了恶化，所以继 1983 年严打之后，中央从 1996 年 4 月份到 1997 年 2 月份展开了全国范围内的第二次严打活动。这次严打有一个口号叫"从重、从快"。中国人民公安大学的崔敏教授有一本文集叫《呼唤法治文明》，介绍了当时一个杀人案，从被告人行凶杀人，到立案、侦查、审查起诉、一审……直到最后执行死刑，所有程序走完，一共只花了 7 天的时间。所以可以想象，当时案件的办理速度可以快到什么程度。后来就有学者就提出来了，不能这样"从重、从快"，否则结果就是"从重破坏刑法，从快破坏刑诉法"。所以，严打后期的口号加上了"依法"二字，变成了"依法从重、从快"，这才真正地尊重了刑法和刑诉法。中国有句话叫"治乱世当用重典"，但在"严打"中还有另外一种思路，叫"治乱世用快典"，但大家有没有想过，"从重"和"从快"是不能够并用的！越是被判死刑的案件就越是要慎重。"从重"和"从快"是一对矛盾的命题，重了就必须慢，快了就必须轻，我们现在的简易程序，之所以那么快不就是因为是轻罪吗？用重典的同时绝不能用快典，两者是矛盾的，"治重罪必须用慢典"！

所以，在这样违背司法规律的"从重、从快"的司法环境下，很多案件办理粗糙的确是普遍现象，因而情有可原，但是，这只是宏观层面上的一个判断，同样，一旦我们进入某个具体案件的细节，结论可能就要发生变化。我们来看看呼格案的几个细节。
呼格案卷中有三个物证突然被销毁了，包括八枚指甲、两盘录像
和一个工作卡。这是严打"依法从重、从快"要求的吗？这个
"疏忽"可以归咎于时代因素吗？另外，根据媒体报道，2005 年，
在赵志红供述自己是真凶以后，为什么提取的精斑又突然丢失了？
而且在精斑意外丢失后，2006 年 12 月 28 日，检察院对赵志红提
起的 10 起漏罪供述当中，偏偏就把他供述的呼格吉勒图案漏掉，
而专门起诉了另外 9 起。念斌案更离谱，亚洲最顶尖的物证鉴定
专家最后得出的结论连律师本人都难以相信，认定念斌下毒杀人
的关键的十几份质谱图居然都是公安机关伪造的！拿来鉴定的样
本和质谱图竟然来自同一个人！这种证据造假是当时的时代背景
所要求吗？恐怕即便是生活在古代，也没有哪个制度允许制作伪
证来诬陷被告人吧？还有，案发以后，警方在念斌通往被害人家
厨房的门上提取到了门把一个，鉴定人对门把的分析意见是倾向
于认定门把上的残留物具有属于嫌疑人的嫌疑，但最后却将这个
仅仅是"倾向于"的证据作为定罪判处死刑的证据。如果这个案
件仅仅是证据不足，而并没有非常扎实的无罪证据，法院最后给
念斌定罪，这么做我们或许可以理解，中国法官能真正做到疑罪
从无毕竟还有很长的路要走，但是即便现在制度环境不尽如人意，
恐怕也从来没有要求法官对证据存疑的案子一律判处极刑吧？可
我们在念斌案中看到的却是另一幅场景：念斌案九次被发回重审，
却反复四次被判死刑；河北陈国清案因为证据不足被河北高院反
复发回几次，但每次承德中院也都是仍然坚持判处死刑……难道

因为时代原因，无法做到疑罪从无，就要对证据不足的案子反复判处极刑？而且还说这应该归咎于那个时代？如果因为环境原因，法官必须要下判，为什么不判无期，甚至像佘祥林案件一样判处15年有期徒刑？难道法院连留有余地的权力都无法行使了吗？所以，我能理解法官不敢作出无罪判决的种种压力。但是，对于证据不足的杀人案件，法官是不是至少应该作出留有余地的判决，将枪口抬高一厘米呢？1994年，湖北佘祥林第一审时就被荆州市中院判处了死刑，但上诉后，湖北高院严把证据关，对此案提出了诸多疑点，其中包括佘祥林交代了四种不同的作案经过，并明确指出：不能排除佘妻自行出走或随他人出走的可能。正是因为湖北高院的坚持，佘祥林才保住了一命，最后被判处15年有期徒刑。后来案件平反后，湖北高院的新闻发言人在接受记者采访时说："佘祥林的妻子回来了，佘祥林冤狱达11年，引起社会广泛关注。在惊愕的同时，所庆幸的是佘祥林没有被冤杀，其关键在于湖北高院能严把死刑案件质量关，坚决顶住压力，不为舆论所左右。"（笑）站在中国独特的司法环境之下来看，有些时候"留有余地"往往是法院所能作出的一种"次优选择"。所以，即便要说基于时代的原因对于办案人员要有"同情的理解"，原谅我也只能理解到这一步。希望我们的法院至少可以"留有余地"，而不是对这些证据严重不足的案件判处极刑。

冤案平反的偶然性因素

第四点思考，我想谈谈冤案平反的偶然性因素。

大家有没有想过，最近很多冤案之所以能够平反，很多时候依靠的都是偶然性因素。吴昌龙案件的平反，背后付出最多努力的是吴昌龙的姐姐！念斌案的平反，背后付出最多努力的是念斌的姐姐！而古代杨乃武与小白菜案最后能平反，背后付出最多努力的也是杨乃武的姐姐！你要是没有姐姐就完了。（大笑）这个世界上最伟大的就是女性，男的死磕一下可能就折了，但女性却有坚持下去的韧劲。杨乃武的姐姐为了让别人相信自己的弟弟是冤枉的，不但一直没有结婚，而且还在官员面前滚钉板，身上血肉模糊。因为再审启动条件如此之高，在没有任何证据证明自己的弟弟是无辜的情况下，她只能以性命相搏，通过折磨自己的方式让别人相信，这是多么悲哀的再审启动条件啊！当然，这是在古代，现代可能不需要这样悲情。我们现在身边有很多张燕生律师这样有责任有担当的"干姐姐"。可我还是会经常难过，因为像我这个年纪的人是计划生育的第一代，没有姐姐，万一我要是被抓了，该怎么办？（笑）所以对独生子而言，再审靠什么启动？当每个人都没有姐姐的时候，只能靠法官和警察把所有的被告人都当成自己的弟弟！（鼓掌）

还有一个细节：佘祥林被判了15年，可是第11年的时候被害人回来了；赵作海被判了无期徒刑，第11年的时候被害人回来了；吴昌龙被判了故意杀人，也是在第 11 年的时候被平反了。为什么冤案都是在第 11 年的时候被平反？如果这是规律的话，将来我们就不用努力了，一直等到第 11 年的时候再去申诉。为什么会有这么多的巧合？我发现，当年为佘祥林案件所写的文章，把当事人的名字换成赵作海，11 年后居然还可以重新发表一次。对于程序法学者而言，最悲哀的事情莫过于此。问题没有解决，只是换了一个又一个的例证，这是学者最无奈的地方。讲实话，有时候，我会有一种无力感，就像给了我一块天花板，让我研究天文，结果只能拿着灯泡当太阳。

我有时候突发奇想，冤案在第 11 年平反这个有趣的时间节点告诉了我们什么？11 这个数字告诉我们，冤案的平反不是一个人完成的，正如冤案的制造也不是一个人能完成的一样，所以每个人都要像 11 路电车一样，靠自己的双腿走出一片冤案平反的天空，最后达到天下无冤的境界。（鼓掌）

鲁迅说，在中国搬张桌子都要流血，那是过去，但这句话所说的道理却没有过时。如果孙志刚事件能够带来收容遣送制度的废除，也许他的死还是有价值的。对于冤案的发生，我们要谨慎悲观，而对于冤案的平反，我们更要谨慎乐观。

举个例子，第一，关于启动再审的条件。窦娥之所以能启动再审，靠的是窦娥说的一段话："如果我是冤枉的，会出现三个现象——血染白绫、六月飞雪、大旱三年。"仅仅证据不足是不足以启动再审的，只有依靠这三个超自然现象，才能让法官相信确有冤情。杨乃武与小白菜案靠的也是姐姐滚钉板才让人相信他是冤枉的。其实这一点，古今同理。但这些都不是制度性的启动条件，而是偶发性的启动条件。

第二，窦娥案之所以能够平反，靠的不是一般的官僚，而是她的生身父亲。当年窦娥的父亲是个穷秀才，因为上京赶考没有盘缠，于是将自己的女儿卖给他人做童养媳，卖了20两，借了高利贷40两，然后就去赶考。他的女儿7岁嫁到别人家里做了童养媳，后来就发生了大家都知道的人生悲剧，最后含冤被杀。可这个时候窦娥的父亲窦天章已经是京城的高官，回到家乡视察，晚上翻阅卷宗的时候突然发现一个叫窦娥的人被冤杀了，他就说——这不是当年我的女儿吗！父亲之所以一定要启动再审严惩贪官，是因为对女儿有一种歉疚。为什么关汉卿在剧中要安排窦娥的父亲而不是一般官员来平反，大家想过没有？如果不是她的父亲，如果不是对女儿有内疚，这个案件能够启动再审吗？关汉卿这部剧作的伟大之处就在于这个细节，这里蕴含着作者的深刻思考，他想通过这个细节告诉读者：如果不是这种偶然性的关系，窦娥的平反会有多难！

第三，杨乃武为什么能够平反？因为杨乃武是举人，在平反的第二个阶段，他跟自己的姐姐说不要去滚钢钉了，让姐姐到北京去找他那些浙江的同门，他们同一期考上北京的三个举人，他们能够联络江浙京官集团联合上书，找到翁同龢进旨直接面达中央，只有他们启动一场政治力量的博弈才能够改变案件走向。而慈禧为了打击湘军旧部在江浙官场盘根错节的势力，才最终启动重审，要求彻查此案。杨乃武是举人，他有人脉，才会有后来的平反，但是一般的百姓呢？比如，和杨乃武同时下狱的毕秀姑就是一个没有任何背景、没有任何人力资本的当事人，就没有任何人帮她喊冤，在整个平反过程中几乎完全处于失语状态，换句话说，毕秀姑完全是因为搭上了杨乃武平反的列车而被顺带平反的！设想一下，如果毕秀姑不是攀附了杨乃武，而是和一介平民私通被抓，她最后的命运又会如何？还有，杨乃武之所以能够平反还和一份报纸有着直接的关系，当时在租界发行的《申报》起到了非常关键的作用。因为有治外法权的保护，《申报》才有条件全面报道这起案件，并最终影响了舆论走向，促成了案件的平反。

大家看看，只要冤案的平反主要依靠的不是制度性的因素，而是这些偶发因素，个案的平反意义就十分有限。有人写了篇文章，叫《清末偏心的司法救济系统》，讲的就是这种冤案平反的偶发因素。当然，现在我们依法治国，和清朝的司法制度已经完全不可同日而语，但我们仍然期望平反的偶发因素变得更少一点，制度性的因素变得更多一些，让冤案平反有章可循，这才是我们对当下冤案平反最大的期待。

我的文字偶像王怡曾经说过，"《哈耶克文集》值得一版再版，因为一转眼又有一批孩子要戴上红领巾了，有些书的再版速度如果低于教材，社会的根基就要开始摇晃"。我每年上刑诉课，只要最后有时间，都会给学生放一部韩国电影《七号房的礼物》，每次看完学生都会哭得泪流满面。最好法科生入学的时候能看一遍，毕业的时候再看一遍。我倒并不期望学生看了这部电影以后就能保证不被环境同化，我只是希望推迟他们被环境同化的时间，让他们在将来判决的时候，面对被告人的生命和自由，内心能够有所敬畏和战栗，能够有迟疑片刻的品德。

以上就是我对冤案平反的一些思考，谢谢各位！

（热烈掌声）

互动问答

提问1：您刚才说，再审启动条件过高，和再审作为救济程序的本质相互矛盾，按您的逻辑，似乎希望降低启动再审的证据条件，但这样一来，势必会让这种非常救济程序蜕变成普通救济程序，损害生效判决的稳定性，我的问题是，您如何平衡这两者之间的冲突？

答：谢谢你的问题。这的确是一对矛盾。为了维护生效判决的稳定性，再审启动的条件当然越高越好，这样一来，申诉最难的就是说服法院立案，一旦再审得以立案，改判就大有希望了。所以有人说，申诉的目标从说服再审裁判者改成了说服再审启动者，本质上并没有什么区别，只是战场前移了而已。我并不同意这种理解。其实，这里的区别太大了。因为，如果申诉的主要目标是说服再审立案的话，由于法官接案量过大，指望他们对每份申诉材料都能阅卷是不可能的。

很多时候仅仅是通过口头交谈，以不立案为原则，以立案为例外，随意性非常之大。但如果申诉可以较为轻松地启动再审，从而将主要精力集中于说服再审裁判者的话，最起码再审法官是一定会阅卷的，律师和法官在证据问题上的沟通就是有基础的对话。当然，我并不主张降低再审启动的证据条件，因为这样一来，就会有大量案件进入再审，也违背了非常救济程序的设置初衷。这两者的矛盾究竟应该如何平衡呢？我觉得，在再审启动条件非常严格的情况之下，可以对一些疑似冤案通过特赦制度加以消化，以回避僵化的再审条件对于冤案平反造成的障碍。比如，90 年代轰动上海的两梅案，当事人在服刑期间放弃减刑、一直喊冤，连检察官都认为确属冤案，但到现在都没有成功地启动再审，而因时过境迁，又不可能对关键证据作出重新鉴定，可以说，这个案子几乎已经丧失通过正常途径启动再审的可能，对于这种疑似冤案，恐怕只有特赦的渠道可以非制度地加以化解。另外，对于其他一般案件的申诉，我觉得是否可以参考国外的做法，将再审启动的审查工作委托给一些中立的社会机构，比如高校、研究中心等，由他们通过阅卷进行中立审查，以决定是否启动再审。

提问 2: 陈老师,我听说美国有一个无辜者工程计划,可否简单介绍一下它对我们完善冤案平反机制的启发?

答: 这个问题非常好。美国的寻找无辜者计划是一些民间非营利性的组织发起的公益项目,通过受理、审查错案申请,选出具有翻案实际可能性的冤错案件,并代理这些无辜者向法院申请再审,为无辜者提供诉讼代理服务,大概成立于 1992 年。大家想想,这样的民间机构,在资金来源、办案资源等方面肯定会受到很多限制,所以,他们在选择代理哪些案件的时候其实也会有一个内部的筛选机制,比如他们就会区分有 DNA 检验的案件和无 DNA 检验的案件,而优先为前者提供免费代理服务,因为有 DNA 检验的案件推翻原判的可能性肯定要更大一些。有人做过统计,个案中做 DNA 检验分析一般要花费 2500~5000 美元,这笔钱一般都由无辜者本人支付,无辜者计划只是帮助他们提供免费代理服务。那对于那些没有 DNA 检验的案件,无辜者计划是不是就一律不提供帮助呢?也不是。但这一类案件显然调查难度更大,推翻原判可能性更小,所以实质上的筛选条件也就自然更严格。比如,很多机构就明确规定,像承认的确杀害被害人但同时又主张构成正当防卫、承认与被害人发生性关系但同时又主张对方是自愿的,类似这种案件,一般都不会受理。除此之外,他们还会有很多非常细致的筛选标准。将无辜案件交给这类民间机构予以初步筛选，其实等于部分缓解了美国上诉法院的工作压力，我觉得，我们的申诉审查是不是也可以借鉴这种模式，建立一种民间冤假错案的申诉筛选机制，我觉得这个课题是非常有价值的。

推荐阅读：

1. 桑本谦："疑案判决的经济学原则分析"，载《中国社会科学》2008 年第 4 期。

2. 苏力："窦娥的悲剧——传统司法中的证据问题"，载《中国社会科学》2005 年第 2 期。

3. 邓建鹏："也论冤案是如何产生的——对《错斩崔宁》、《窦娥冤》的再解析"，载《法学评论》2010 年第 5 期。

4. 陆永棣：《1877 帝国司法的回光返照：晚清冤狱中的杨乃武案》，法律出版社 2006 年版。

5. ［法］勒内·弗洛里奥：《错案》，赵淑美、张洪竹译，法律出版社 2013 年版。

03 律师与被告人：谁说了算？

演讲地点：中国人民大学律师学院

演讲时间：2013年9月13日

在代理的目标上，律师应当听从当事人的决定……并且就实现这些目标的方式征求当事人的意见。

——《律师执业行为示范规则》

非常感谢人大律师学院的邀请，也很荣幸能有这个机会跟各位律师朋友交流一下我在刑事辩护领域的一些研究心得。我今天分享的题目是"律师与被告人：谁说了算？"。之所以讲这个题目，是因为最近辩护界发生的一系列热点案件都与这个话题有着密切的关系。

三个案例背后的问题

第一个案例，陕西华南虎照案。被告人周正龙被控诈骗罪和非法持有枪支罪，他在一审中坚持不认罪，但在二审中却突然认罪。被告人当庭认罪以后，辩护人仍然继续为他做无罪辩护。检察官当时就对辩护律师说："被告人都已经认罪了，你还做什么无罪辩护？"但辩护人却说："他认他的，我辩我的，律师是独立辩护人。"（笑）这句话其实引出了辩护律师和当事人之间关系的第一个重要层面——被告人认罪以后，律师究竟还能不能按照原来设计的辩护思路继续为其做无罪辩护？

第二个案例，李庄案二审。按照《刑事诉讼法》的规定，一名被告人最多只能聘请两名辩护人为其辩护，但在李庄案的法庭审理中，法庭上却坐了三名律师，除了陈有西和高子程以外，还有一位来自中国社科院的刘仁文教授。他之前准备的是无罪辩护，听说李庄认罪了，于是就准备辞去委托。但接替他的陈有西律师觉得刘教授比较了解案情，因此，经过紧急沟通，法院破例允许三名律师同时出现在法庭上，但刘教授只能记录、不能发言，所以才会出现后来媒体上发布的那张法庭上的著名照片。大家都知道，在一审中，李庄非常强硬，据理力争，多次申请法官回避，但在二审中，他的态度却发生了180度的巨大转变，当庭表示认罪并请求撤回上诉。二审辩护律师高子程、陈有西面对这一突发情势，非常惊讶，立即告知李庄要想清楚认罪的法律后果，并在法庭上继续为其做无罪辩护。我想问的第二个问题就是：李庄案和刚才提到的陕西周正龙案是否有所区别？如果李庄迫于某种压力而认罪，律师是否可以继续为其做无罪辩护？律师发表这种与被告人不同的辩护观点，又是否应当征得被告人的同意？其实，司法实践中，类似的案例还有很多，比如央视大火案、高晓松醉驾案等等。

第三个案例，某部长受贿一案。该案的辩护一度引发了律师界关于职业伦理问题的大讨论。该案定于上午八点半开庭，但是到了中午十二点就全部审完了，法庭调查和法庭辩论总共只用了三个半小时不到。于是就有律师发了微博，质疑本案辩护律师严重失职。理由是：在这起影响如此重大的案件中，仅用三个半小时就完成全部辩护活动，显然是在配合司法机关演戏，未免太过草率。他认为，如果司法机关存在实体和程序的任何违法行为，辩护律师都应予以明确反对，必要时还要根据情况予以公开。该律师在公开信中多次提及辩护律师的独立诉讼地位，并以此作为立论依据，被告人本人的意愿则被其置于次要地位。但是，律师界也有另一派观点，北京盈科律师事务所刑事部主任易胜华律师就认为，并非只有死磕才算是履行了辩护职责，律师自然应该维护公平正义，但作为法律服务的提供者，他首先应该考虑的还是当事人利益的最大化。在本案中，是否能够帮助被告人不被判处死刑才是辩护活动的最高目标，其他问题都是次要的。这个案子的争论引出今天我要讲的第三个问题：辩护律师，究竟应该以公平正义为第一追求，还是以当事人利益最大化为第一追求？能否以独立辩护论为依据不顾被告人意愿和利益去与司法机关的违法行为进行对抗？

在回答这些问题之前，我们有必要先来看一下现有理论和法律规定对这些问题的态度。首先来看看辩护理论。刑诉主流观点一直认为，辩护律师具有独立的诉讼地位，只服从于事实和法律，而不受被告人意志的左右。因此，在具体的辩护观点上，既没有必要和被告人保持一致，也没有必要同被告人协商。其次，在法律层面上。《刑事诉讼法》规定，简易程序中，如果被告人不认罪，是不能适用简易程序的，但对于辩护人做无罪辩护时能否适用简易程序则未置一词。2012年年底，最高人民法院在司法解释中规定：如果被告人认罪，但辩护人却做了无罪辩护，同样也不能适用简易程序。通过这条规定可以看出，立法至少默认了被告人和辩护人意见不一致的可能。最后，再来看看行业规范。全国律协在《律师办理刑事案件规范》第5条中有一句非常明确的指导性意见："辩护人接受犯罪嫌疑人、被告人的委托，独立行使辩护权，不受委托人意志的左右。"

可见，不论是从理论，还是从立法和行业规范的角度，独立辩护的观点都得到了普遍的认同，难怪很多律师都以此为据，坚持发表和被告人不一致的辩护意见。当然，也有人对这一理论提出了质疑。北大陈瑞华教授在李庄案二审结束后就接受了《南方周末》记者赵蕾的采访，对李庄案的辩护提出了批评，大家感兴趣的可以上网搜一下，这篇采访文章的题目是《李庄案：荒诞的自说自话》，文章有一个核心观点：如果辩护人坚持发表和被告人不一致的辩护观点，控辩对抗就会演变成被告人和辩护人的对抗，辩护效果就会自相抵销。陈教授甚至认为这种做法是刑事辩护发展30年来最不成熟的体现。文章发表后，没想到一石激起千层浪，首先是广西北海律师团团长、山东陈光武律师撰文回应，接着陈有西律师也加入论战，他写的文章题目就叫《李庄案辩护失败吗?》，标题上就和陈教授针锋相对。陈有西律师认为：对于李庄案这种被告人可能迫于压力认罪的案件，律师仍然坚持将所有无罪观点呈现在法庭上，可以给历史重新认识这个案件留下空间，因此律师的做法没有任何不妥之处，相反，陈教授的批评倒显得有些书生之见。后来，陈瑞华教授又专门写了一篇理论性文章，继续深入阐述了他对独立辩护论的完整观点，2010年8月11日，《南方周末》又对这一争论做了更为深入的评论，从而引发了法律界对这一问题的广泛关注。

在这个问题上，我个人的观点非常清楚：首先，独立辩护论是一个需要修正的理论，过分强调律师的独立性会损害当事人的利益。辩护人应当在辩护目标和事实问题上充分尊重当事人的意志，但在辩护策略和法律问题上可以适度独立于当事人，除非当事人的认罪是非自愿的。其次，辩护人的任何辩护意见都必须和犯罪嫌疑人、被告人进行沟通，尽量取得一致意见，如果无法达成一致，可以退出辩护。最后，律师辩护应把当事人利益最大化作为第一追求，而非维护社会公平正义。下面我会具体地阐述我的观点和理由。

职权主义不需要辩护律师？

独立辩护论为什么存在？又为什么必须对其加以修正？

独立辩护论是大陆法系职权主义诉讼构造的产物。在职权主义诉讼模式下，法官有诉讼关照义务，检察官有客观公正义务，既然法官和检察官都已经考虑被告人利益了，理论上自然就不再需要律师了。美国有一个著名的法制史学者叫兰贝恩，他有一本很经典的著作《对抗制审判制度的起源》，复旦大学出版社已经出版了中译本。在这本书里，他以辩护制度的发展为线索，分析了对抗制审判制度形成的原因。书里记载了这样一则史料：1663年，有一个被告人被指控出版带有叛国性质的非法书籍，在法庭上，被告人希望聘请律师。法官说："我会保障你的诉讼权利的，不需要找律师，我就是你的律师。"法官关照被告人，所以辩护律师就没有存在的必要了。但是，法官真的会对被告人进行诉讼关照吗？可能恰恰相反，法官倒更像是第二公诉人，经常会压制被告方的辩护权。著名法学家拉德布鲁赫曾经说过一句经典名言：
"如果检察官成了法官，只有上帝才能成为辩护人。"今天我也要
加一句话，"今天我们的法官成了公诉人，可辩护人还不是上
帝"，这才是最大的悲哀。

拉德布鲁赫

　　还有，不仅法官往往不会履行诉讼关照义务，检察官也不可
能真正履行客观公正义务。试想，一个以追求胜诉为目标的检察
官，如何全面收集有利和不利于被告人的所有证据？既要追求诉
讼成功，又要保持客观中立，这是和心理学的所有规律相矛盾的
制度设计！当然，实践中也的确发生过控方搜集无罪证据的情形，
但这样做的目的往往是为了隐匿甚至毁灭该证据，而不是为了被
告人的利益。很多人认为中国实行的是职权主义的诉讼模式，其

实我并不赞同这种笼统的界定，至少我们实行的并非真正意义上的职权主义。我们可能只学到了职权主义打击犯罪的一面，却没有学到那些诸如诉讼关照义务和客观公正义务等核心精神。其实，真正的职权主义同样是可以实行法治的，谁能否认法国、德国也是法治国家呢？比如，在是否需要如实回答警察讯问的问题上，世界各国有三种立法模式：在中国，犯罪嫌疑人、被告人有义务如实回答，不但要回答，还要如实回答；在美国，犯罪嫌疑人、被告人可以保持沉默；但在德国，犯罪嫌疑人、被告人不但可以保持沉默，甚至还可以撒谎。被告人居然有撒谎权。（笑）我们以前只听说过沉默权，却万万没有想到，在对犯罪嫌疑人的权利保障方面，德国甚至走到了美国的前面。所以，我们学习西方，是学习职权主义，还是学习当事人主义，其实很大程度上是个伪命题，真正的问题是，我们应该学习职权主义和当事人主义的什么内容。

更严重的是，具有浓厚中国特色的业绩考评制度在相当程度上加剧了控辩双方的非理性对抗，一旦案件被判无罪，就等于挑动了检察院最敏感的神经，所以，虽然中国表面上实行的是职权主义的诉讼模式，但在利益层面控辩双方却早已高度当事人化了，我们实行的可以说是披着职权主义外衣的当事人主义，是一个内衣外穿的超人。（笑）只要律师做无罪辩护，控辩双方关系就会高度紧张，控方还会以各种罪名对律师进行刑事追诉。据一项不完全统计，从 1997 年到 2003 年这短短几年时间内，中国就有 300多名律师被追究刑事责任，但最终 80% 都被无罪释放了。我想给各位对比两个数字,一方面,中国每年几百万起刑事案件的无罪判决率不到0.5%,而另一面,这些被追究刑事责任的律师无罪判决率却又高达80%,这说明了什么?每个人可能都会有自己的解读。

还有我们的法庭布局,辩护律师不能和被告人坐在一起,而是和法官、检察官一起坐在法庭之上,被告人一个人坐在下面,这里面的潜台词就是:别看你花钱请我,我和他们才是一个战壕的。(笑)这个法庭布局其实就是职权主义和独立辩护观念的一种外部体现。一旦被告人当庭突然改变辩护观点,法庭又不准休庭,辩护人在无法及时与被告人沟通的情况下,似乎也只能坚持原有的辩护思路。当然,职权主义国家的法庭布局还有比我们更极端的。在法国,检察官居然坐在法官的旁边,被告人一看到这个场景,估计连自杀的心都有了。(笑)相比之下,日本的法庭布局就完全不同,在日本,被告人和辩护人是坐在一起的,如果被告人突然改变观点,律师可以马上与之协商,询问原因,征求意见,这里面就可以看出很多诉讼理念的差异。

总结一下,在职权主义模式下,律师必须和法检站在一起,控辩审三方都是为了发现真相而设置的不同诉讼角色,只不过是从不同角度实现这一目标而已。律师应当独立于当事人的观点就是这种理念之下的必然产物。但是,因为法官的诉讼关照义务、检察官的客观公正义务这些职权主义的种种制度预设在我国都不成立,所以,独立辩护论也应当有所修正。

拿人钱财，替人消灾？

独立辩护论还有一个理论依据：律师和被告人之间的关系主要是公法关系，而非私人契约关系。也就是说，虽然是你花钱请我，但我是国家的工作人员，不能完全帮助你说话——你有没有觉得这里面的逻辑有问题？辩护律师千万不能有这种心态。在前些年还经常出现这样的一种现象：辩护人对被告人询问的口气，往往比公诉人讯问还狠。到现在还有一些律师观念转变不过来。被告人往往在法庭上回头问家属：你们没给律师钱吧，怎么问我的语气这么强硬？到底谁是公诉人啊？（笑）在这种传统观念影响之下，律师虽然是社会法律服务的提供者，但辩护活动一直都不被认为是完全市场化的行为，辩护律师自然就不能完全站在被告人一边，而必须具有独立的诉讼地位。的确，律师当然应该考虑社会公众利益，他和法院之间当然具有一种公法上的义务关系，但律师只要在辩护活动中不妨碍司法机关发现真相，不去伪造或隐匿证据，就已经足够了啊，他只需要承担消极真实义务啊！我们永远不要忘记一个最基本的道理：律师从事辩护活动是基于当事人的委托，其首要义务当然应该是为当事人服务啊，私人契约关系当然是第一位的，公法义务只能居于从属性地位。所以，律师即便认为自己是独立辩护人，在发表不同于被告人的意见之前，至少也应该向被告人详细解释其辩护策略可能产生的法律后果，并尽力说服其同意吧？这本来是个再简单不过的常识，但即便是律师群体，对这一问题的认识也非常混乱。所以，关于律师职业伦理问题的讨论的确非常有必要。

有一次，我在微博上做了个小调查，我让大家发表各自的观点，你认为辩护律师和当事人之间究竟是公法义务为主，还是私人契约关系为主？或者换个问法，你觉得辩护律师是应该以维护当事人利益最大化为主要目标，还是以实现公平正义为主要目标？结果大大出乎我的意料，我发现很多法科生都选择了后者。当时我就问大家：假设你花了毕生积蓄，甚至是几代人的积蓄买了一套房子，请了一个设计师给你做室内软装设计，结果他根本不顾你的激烈反对，把客厅墙壁炸开一个洞，作为整个楼层的紧急消防出口，理由竟然是这样设计客厅有助于实现公共利益，你会接受这样的设计师吗？其实这和辩护的道理是一样的，在成熟法律人那里，推进法治不能成为抽象的口号，帮助一个又一个当事人才是我们最高的追求。没有任何一个当事人愿意花钱请你推进法治。在个案中维护每一个当事人的合法权益就是法治对律师这一诉讼角色的要求。

可能马上就会有人反驳：那做辩护律师还要不要有正义感？还要不要有基本的道德操守？遇到公检法的违法行为还要不要抗争？律师当然应该有正义感，但是律师的正义感应该有自己特定的表达场合，比如在提供立法建议的时候，在参加实务论坛的时候，在发表学术观点的时候，这些都是可以尽情展现律师对于公平正义不懈追求的场合，当然应该据理力争。但是，除此之外，在代理个案的时候去追求自己对于法治和正义的憧憬与想象，而让当事人替你支付代价，我觉得是不道德的。

其实，这里面有一个更为根本的认识问题需要澄清，律师在从事辩护活动的时候，其实身上承载了两种不同性质的道德义务。第一是作为普通人的公民道德，第二是作为该案律师所体现的职业道德。这两者是不一样的。如果你不是该案的代理律师，对于公检法的任何违法之处，当然可以基于朴素的正义感和道德观念，进行毫不留情的批判和揭露，而一旦你接受委托、进入诉讼，职业道德就要凌驾于公民道德之上，当事人的利益就应该成为你首先应当考虑的因素。法国学者涂尔干有一本经典著作《社会分工论》，其中有一句话非常经典：在社会缺乏共同价值准则的时代，最大的道德是职业道德。

委托辩护时应该以当事人利益为最高追求似乎我已经说了很多了，那有人可能会问："陈老师，法律援助案件可不是当事人委托的，而是由国家指派的，既然是国家掏钱让我去辩护，那我是不是应该服从国家和社会利益，而把被告人的利益放在第二位呢？"我认为，在这一点上，指定辩护和委托辩护其实并没有什么本质的区别。2010 年我和钱列阳律师、陈瑞华教授、田文昌律师等一行 10 人去美国专门考察死刑辩护制度，其中有一天，我们和耶鲁大学一位专门研究律师职业伦理的教授交流，当时钱律师和田律师就问了他这个问题：如果国家掏钱请律师来辩护，是不是律师的忠诚义务对象就变成国家，而不是当事人了？耶鲁教授马上否定了这种观点，他认为，不管谁掏钱，律师的最终服务对象都仍然是当事人本人。比如，在委托辩护中，花钱聘请律师的也不一定是被告人本人，但不论是谁出钱，律师同样都要维护被告人的利益，而非出资人的利益。所以，出资人并不能改变律师的忠诚义务对象。我们当时一个强烈的感受就是，这些在西方已经成为普遍共识的基本职业伦理，在我们这里却往往会引起重大争论，所以，我觉得，律师职业道德问题太有探讨的必要了，一定要在整个行业树立起底线道德观——在合法范围内追求当事人利益最大化才是辩护律师的最高追求和第一目标。这本来应该是律师职业群体的常识。

我们仍然以刚才提到的某部长受贿案为例。有人认为，辩护律师应该把司法机关的违法之处全部揭露出来，以发挥对公权力的监督制约作用。我内心比谁都向往法治，不太愿意空喊口号，因为没用。在这起案件中，被告人的最大利益是什么？显然，这个案子最高可能面临死刑判决，能留下一命就是辩护的最大成功，其他问题对被告人而言都是次要的。而唯一能够影响死刑判决的，就是其中受贿这个罪名，因而能否将受贿罪的数额降下来，保住被告人一命，才是辩护的最高目标。在这一明确的辩护目标之下，司法机关所有的程序瑕疵，甚至是程序违法，是否揭露，如何对抗，都要服务于这一总的辩护目标，如果无助于这一目标的实现，当舍则舍，一味纠结程序的细枝末节只会导致无效辩护。所以，与案外律师揭露司法机关违法之处可以体现公民道德不同的是，作为案内律师，只能压抑自己爆棚的正义感，从委托人利益的角度出发，选择最佳的突破口，为其寻找免死的机会，而绝对不能本末倒置，为了追求律师心中正义的法治图景而牺牲个案中当事人的利益。

谁来判断当事人的最大利益？

应该由谁来判断什么是当事人的最大利益呢？是律师还是当事人本人？必须承认，很多当事人素质的确不高，尤其是在基层法院，很多被告人甚至连什么是籍贯都搞不清楚，法官只能这样解释："所谓籍贯，就是问你是哪里人。"只有这样说他才会明白。向被告人解释什么叫辩论权，也解释不清楚，有经验的法官就必须这样解释："所谓辩论权，就是你可以吵架，但不能骂人。"可以吵架，是辩论权的内容，不能骂人，是辩论权的界限。（笑）面对这种当事人素质普遍不高的现状，有律师甚至认为，输掉官司的最好方法，就是由当事人自己进行辩护，这种观点在某种意义上来看的确有它的道理，但也显示出一种专业主义的傲慢。这种傲慢决定了律师群体一直以来都要求自己有独立辩护的地位，而不尊重被告人的意见。

我可以举出三个情境，大家一起设想一下，如果你是那位律师，在以下情境之下会如何处理。

第一个情境，奥斯卡获奖影片《朗读者》。一个 40 多岁的女人爱上了一个 20 多岁的小伙子，因为女的是个文盲，但又特别喜欢书里的世界，所以每天晚上，男的都要朗读一本书给这个女的听，就这样一直朗读了很多年，读了很多本书。两人分别多年以后，再次相逢竟然是在审理纳粹战犯的法庭上，这个小伙子在旁听席上意外地发现，自己当年喜欢的女人正坐在被告席上接受审判。原来她是纳粹集中营的工作人员。法庭审理中，所有被告人都指认这个女人最后签字下令屠杀犹太人，小伙子特别着急，特别想站起来，告诉法庭她其实是一个文盲，根本不可能签字下令。但这个女的自始至终都没有做任何辩解，因为在她看来，不识字是一件非常耻辱的事情，她宁愿坐牢，也不愿意让别人知道她是个文盲，在她的内心秩序中，文化尊严要比人身自由重要得多。这是她的价值排序，我们可能会觉得无法理解，但如果你是这名被告人的律师，可不可以为了被告人的利益，而不顾她的意愿，当众揭露她是文盲的事实？

第二个情境，某强奸案，被告人不满 7 岁的儿子可以证明他不在作案现场，律师为了给被告人脱罪，要求让他儿子出庭作证，但被告人特别疼爱自己的儿子，不希望这件事情给孩子的心灵从小蒙上一层阴影，所以宁愿坐牢也不想让孩子出现在自己受审的法庭上。这个时候，律师究竟应不应该冒着让被告人含冤入狱的危险，尊重被告人的意见，不再传召他儿子出庭作证？

第三个情境，假设一名高官涉嫌杀人，律师发现，这名官员案发当天其实一直和情人在一起，根本不在犯罪现场，只要他的情人出庭作证，他就可以不被定罪，但这个官员非常珍惜自己的社会形象，他坚持让律师想其他办法脱罪，坚决不肯公开自己有外遇这一事实。律师又该怎么做？

在以上几个情境之中，律师如果认为只有自己才能判断什么是对当事人最有利的辩护方案的话，显然就有将自己的价值观凌驾于当事人之上的感觉。律师只是一个法律专家，在法律领域内，也许他还可以判断究竟哪种方案最有利于被告人，但一旦超出法律领域，涉及其他各种非法律因素的时候，恐怕只有被告人本人才是其自身利益的最佳判断者。

我在某地调研的时候曾经听到过这样一个案例：有一个官员被控贪污罪，他的律师认为，贪污罪最高可判死刑，而诈骗罪最高只有无期，因此，他准备为被告人做贪污罪不成立而构成诈骗罪的罪轻辩护。这样至少可以保住被告人的性命，这也是法律上最有利于被告人的一种辩护思路。但是，没有想到当事人听到以后坚决反对，为什么呢？因为这个案子是由基层检察院起诉到基层法院的，既然由基层检察院起诉，哪怕最后定了贪污罪，最多也就只会被判15年有期徒刑。可是，这个律师坚持以构成诈骗罪进行罪轻辩护，检察院后来提出二审抗诉，结果，二审法院就加重了被告人的刑罚，反而更不利于当事人了。问题还没有结束，案件判决生效后，被告人被投入监狱服刑，诈骗罪的关押条件和贪污罪是不一样的。如果是贪污罪，在关押上可能还会有一些优待，比如，和同样是职务犯罪的人关在一起，但如果定为诈骗罪，就要和杀人犯、强奸犯、盗窃犯关押在一起。你如果是这个官员，在服刑的时候会不会痛恨自己的辩护律师自作主张选择的辩护策略？要知道，很多官员宁愿被定贪污罪，也不愿被定诈骗罪，宁当贪官也不当骗子，因为贪不贪污是个制度问题，可诈不诈骗却是气质问题。（笑）大连有位律师，接了一个二审案件，一审律师做的辩护很有意思，当时指控的是职务侵占罪，是在基层法院审理的，按照这个罪的量刑，基本是在10年以内，当时三个律师在法庭上集体表示，当事人没有职务，和单位没有劳动合同关系，缺乏职务侵占罪的主体资格，几名被告人在法庭上纷纷表示，自己不是单位的人，最后法院采信了辩护人的观点，判处被告人构成合同诈骗罪，判处有期徒刑 15 年。然后二审的时候被告人找这位律师，要求只有一个，只要把罪名改回职务侵占罪就可以。（笑）这些都是真实发生过的案例，但听起来就像是个笑话。所以，当事人对最大利益的判断和律师的判断经常不一致。律师不能太过自负，什么场合都替被告人做主。

当事人？还是证据来源？

下面我们接着分析独立辩护论不成立的理由。一旦坚持独立辩护论，很容易让被告人的诉讼地位变得更加恶化。我发现，很多律师有一种思维模式特别不好，特别喜欢在论证问题的时候，去依附于某种理念，张嘴闭嘴都是这样做"有利于人权保障""有利于打击犯罪""有利于和国际接轨"。这种"三个有利于"不应该成为法律人全部的论证方式，我们应该具备一种后果主义的思维模式。比如，很多法律界的公共知识分子一直在微博上呼吁废除劳教，口号喊得震天响。但问题是，我们只关心废除有利于保障人权，从而在理论层面上论证废除的必要性，从没有人去关心废除以后应当如何解决由此带来的新问题。结果呢，劳教果然被废除了，但却带来了一系列始料未及的后果。大家都知道，中国和西方的犯罪概念不同，和西方几乎所有危害社会行为都纳入犯罪体系不同的是，中国的犯罪定义含有定量因素，因此，我们国家针对危害社会行为的危害程度的不同，划分了三大公法体系：刑罚、劳动教养和治安处罚。劳教制度废除了，但是这一制度所针对的对象却并不会随之消失，对于这些违法行为究竟要靠什么处罚体系加以解决，娜拉出走之后如何才能获得幸福，有一些非专业公知在喊口号的时候是不会关心也没有能力关心的。结果，劳动教养制度废除之后，由于没有出现功能替代物，之前劳教针对的对象只好通过刑法的扩大化加以解决。所以，我们看到，网络谣言开始被作为犯罪处理，寻衅滋事罪开始成为新时代下的口袋罪。废除劳教并不必然有利于人权保障，这种论证方式所体现的因果关系太过简单。所以，凡事我们都可以用后果主义的思维方式多想一想。

独立辩护论会对被告人的诉讼地位产生什么负面后果呢？在中国，被告人的身份其实特别尴尬，他兼具两种诉讼身份：一是当事人，二是证据来源，前者是诉讼主体，而后者则是诉讼客体，两种身份是互相矛盾的。但实际上，被告人证据来源的诉讼角色要远远大于其当事人的诉讼角色。在这种诉讼观念和文化之下，被告人根本无法主导诉讼，所有诉讼的主导权都掌握在律师手里，因此职权主义国家会给律师两个权利，一是固有权，二是传来权。所谓传来权，就是通过被告人的委托方可享有的诉讼权利，而所谓固有权则是无须被告人委托，辩护律师基于自己独立的诉讼地位而享有的诉讼权利。比如，阅卷权就是辩护律师的固有权，被告人自己反而不能阅卷。在这个时候，一旦律师坚持独立辩护论，

被告人没有阅卷权的负面效果就会被进一步放大——律师阅卷之
后根本不会把卷宗中的相关信息透露给被告人，律师会想：我凭
什么把卷宗给你看啊？我是独立的诉讼主体，我根据自己对于法
律和事实的理解形成辩护词，还用跟你商量吗？即使商量了，你
懂吗？所以，律师一般只会把被告人当作信息来源加以对待，而
不会将其作为当事人予以尊重。这一点，只需要大家结合自己的
辩护实践，就会有所体会。我们在会见的时候，究竟有多少时间
花在和被告人协商辩护思路上？恐怕很少。律师也会和侦查人员
一样，把被告人当作证据来源，希望从他身上了解更多案件信息，
以此作为辩护的基础，一旦了解到足够的事实信息，后续的辩护
思路的沟通就基本上是律师决定和主导了。被告人对辩护策略几
乎很难有平等发表意见的机会，对于辩护律师的辩护活动也很难
进行同步监督，但是，大家想想看，如果被告人连辩护活动都主
导不了，还何谈主导诉讼进程呢？在李庄案第一季的时候，李庄
在法庭上申请对龚刚模的伤情进行鉴定，这里面的逻辑是：如果
龚刚模的确有被打的伤情，就说明他指控被刑讯逼供不是在作伪
证，那李庄就自然而然也不构成律师伪证罪，因此，伤情鉴定就
显得特别重要。可审判长当时是怎么答复李庄的？"伤情鉴定已于
12 月 27 日送达给辩护人了。"李庄当时就说："你送给辩护人，可
我怎么不知道？"你看，这么一份关键的证据，律师却根本没有和
被告人进行充分的沟通并告知，可见，一旦我们只把某一项权利
赋予辩护人，而辩护人又认为自己是独立辩护人，没有必要告诉
被告人，那么，法律上赋予被告人的申请重新和补充鉴定的权利

实际上也就被架空了，这些其实都是独立辩护论的潜在后果。

还有，我们现有的一些制度环境也使独立辩护论更容易产生负面后果，最突出的就是律师收费制度，各位肯定对这一点感触颇深。中国的刑辩是不允许风险代理的，而刑事辩护一揽子收费又恰恰是很多问题产生的根源。一次性收费以后，律师自然就不想多会见，不想多沟通，不想多出差，不想时时处处征求当事人意见。另外，一次性收费也使当事人无法有效监督律师的工作，要想能够真正让律师为当事人利益最大化服务，应该广泛推行更为细化的分阶段收费制度，让当事人也可以同步监督律师的工作。大家都知道，西方有效辩护有两个判断标准：一是结果标准，二是过程标准。但可怕的是，有效辩护的这两个标准在中国都不可能适用。第一，由于我国司法环境的问题，有些刑事案件结果可能早已内定，和辩护好坏关系不大，以判决结果来衡量律师工作是否有效的确不尽合理；第二，由于当事人无法同步监督律师的工作，整个刑辩行业也缺乏最低工作标准，过程标准似乎也难以实现，既然中国无法为有效辩护设立合理的标准，无效辩护必然会大量出现。

独立辩护论的合理界限

今天讲座的最后一部分，我想谈谈在辩护实务中，在处理辩护人和被告人关系方面应该把握的一些基本原则。在翻阅西方资料的时候，我发现，美国也非常强调独立辩护论，但只要仔细一看，就会发现和中国还是有所不同的。美国律师界强调的独立辩护是指独立于外部干扰，而不是独立于当事人。而我认为，独立于公权力，才是独立辩护论的本来含义。什么情况属于外部不当干扰呢？比如，是否接案本来是完全市场化的行为，律师完全可以根据自己的道德观念，拒绝为一些丧心病狂的杀人犯辩护，这没有任何问题，但是，如果司法行政机关出面禁止律师为某一类案件进行辩护，或者要求接受委托必须经过事先审批，更或者，进行无罪辩护必须事先向司法局提交辩护词……哪怕这些做法是出于一些极为冠冕堂皇的理由，都属于不当的外部干扰。比如，在印度发生恐怖袭击后，孟买当地的律师协会就发出声明，禁止组织中的1000名成员为孟买袭击中的任何犯罪分子做辩护律师，这就极不合适了。因为律师个人决定不接案，完全是市场化的自由选择，而且总会有律师接受委托，因而被告人的委托辩护权总能得到保障，但如果律协出面禁止律师代理，就会让被告人无法找到律师辩护，从而剥夺了其委托辩护的权利，这是两个不同性质的行为。作为律师，首先应该独立于这些不当的外部干扰，积极地谋求当事人合法利益的最大化，而不是动不动就强调独立于委托人。

独立辩护的第二层含义我认为应当是独立于公检法。北京曾经发生过一起案件，被告人是北京台球界的名人李铮，拿过很多大型比赛的冠军，他利用经济适用房的名义集资400多万，被检察院以诈骗罪起诉到法院。他聘请了一个律所主任为他辩护，在辩护的过程中，该律师为被告人做了诈骗罪不成立的无罪辩护，可是，这个案件无罪辩护成功的可能性非常之小，第一，涉案金额大，第二，被害人众多，第三，社会影响恶劣。对于这样的案件，即使指控罪名不成立，法官也会换一个罪名重新定罪。所以法官当时就问律师："你认为诈骗罪不成立，那你觉得构成什么罪合适？"这位律师不知道当时是怎么想的，直接接了一句："要不你们就定一个集资诈骗吧。"（大笑）辩护人这句话翻译一下，意思就是请求法院判处我当事人死刑立即执行，（笑）因为诈骗罪最高刑期是无期，可是集资诈骗罪当时却可以判处死刑。第二天报纸就用了一个标题报道了这件事——《乌龙律师踢了"乌龙球"》。网上发起人肉搜索，这位律师最爱喝什么饮料，答案是"乌龙茶"。（大笑）大家看，这位律师的表现就完全违背了独立辩护的精神，因为他没有独立于公诉人，反而充当了第二公诉人，做了不利于当事人的辩护。所以，我认为，独立辩护首先应该是相对于公权力的独立，独立于司法行政机关的不当干扰，独立于公检法，而我们却理解成独立于当事人，这真是个莫大的误会！

刚才提到的周正龙案和李庄案都是在一审中坚决不认罪，而在二审中突然认罪的，但李庄案和周正龙案还是有所不同。我们后来知道，李庄是在外部压力下被迫认罪的，但当时律师知道吗？休庭后，陈有西律师在羁押室见到李庄，这才有机会询问李庄认罪的真实原因。我想问问大家，如果你知道自己的委托人是基于压力而被迫认罪，但对你独立发表无罪辩护意见又不置可否，没有明确表示反对，也不辞退你，你还要不要坚持原有的无罪辩护思路？我觉得这个时候就必须坚持。因为此时当事人受到了巨大的外部压力，他的认罪态度并非自愿，律师发表独立于当事人的辩护观点，其实就是独立于公检法的不当压力，帮被告人说出本人不敢说出的实情。所以，在李庄案中，律师独立的其实并不是当事人，而是在背后施加压力的公权力，这才是独立辩护的真实含义。从这个意义上说，我觉得陈有西律师的做法并没有什么不妥。

在辩护目标上，应该服从于当事人的意愿，而在辩护策略上，则应以辩护律师的观点为主导。辩护究竟要达到什么效果，是做无罪辩护还是罪轻辩护，应该听当事人的，但是具体采用什么手段来达到这个目标，则应该以律师为主。举个例子，在街上打的，司机说我是专业司机，而乘客不是，所以不论乘客是否愿意，就将其强行带到一个他不愿意去的地方，你觉得司机这样做合适吗？显然不合适。如果真这样做的话，司机就成劫匪了。正常的做法当然应该是：由乘客决定目的地，而司机则负责以专业素质提供若干条可供选择的路线，尽到告知和说服的义务，最后由乘客在这些路线之间进行选择，司机保障以最短的时间和最小的花费将乘客安全带到目的地，实现其利益最大化。律师和被告人之间的关系也是同样的道理。辩护目标一定要听当事人的，而绝不能越俎代庖。举个例子，美国20世纪90年代曾经发生过一起炸弹爆炸案，这个案件由一位公设辩护人辩护。这位律师发现，要想让被告人不被判处死刑，只有做精神病辩护这一条途径，但被告人却宁愿被判死刑也绝不承认自己是精神病。这种情况下，如果律师经过沟通后还是没有办法说服被告人，就只能选择退出辩护，这在《美国律师职业道德规范》里有明确的规定。

接下来，事实问题尽量听当事人的，而法律问题则应以律师为主。如果被告人承认自己的确实施了杀人行为，在这种认罪是自愿作出的情况之下，律师就只能为其做证据不足的无罪辩护，而不应再选择事实无罪的辩护思路。因为事实问题没有人比被告人更清楚，在事实问题上法官也更愿意相信被告人而不是律师的说法。

其实，人类的审判历史最早只有事实审，因为法律特别不发达。只要查明犯罪行为的确是被告人实施的，就可以对其处以刑罚。刘邦的约法三章只有几句话而已："杀人者死，伤人及盗抵罪。"在事实审模式下，必然不会有辩护律师发挥作用的空间。后来，法庭审判逐渐分为了事实审和法律审两个部分，法律规定得越来越详细，辩护律师的作用日益突出，委托辩护此时才开始出现。

在这个背景之下，我们很容易理解辩护律师的作用，事实问题应该听当事人的，而法律问题则应该主要听从辩护律师的专业判断。但即使是法律问题，比如辩护策略的选择，也不完全是由辩护律师说了算，而只是由辩护律师提供法律方案，经过说服和协商，取得被告人的同意，方可实施。如果未经协商和同意，辩护律师仍然不能自己直接运用该辩护策略。邱兴隆教授曾经写过一本书《一切为了权利》，精选了他代理过的50起刑事案件的辩护词。其中有一个这样的案件，检察院指控几个被告人犯贪污罪，然后邱律师并没有做贪污罪不成立的无罪辩护，因为法院有改变指控罪名的权力，即使直接做贪污罪不成立的无罪辩护，法院仍有可能改变为其他罪名直接定罪。邱律师于是论证这几个被告人的行为虽然不构成贪污罪，但构成虚报注册资本罪。因为贪污罪的刑期很高，最高可到死刑，但一旦论证构成挪用公款或者虚报注册资本罪，法定最高刑不超过 5 年，这样的话该罪的追诉时效就是 5 年，等到法庭基本上接受了虚报注册资本罪的认定的时候，邱教授立即杀了一个回马枪，发表真正的辩护观点——既然被告人的行为仅构成虚报注册资本罪，该案案发的时候距今已经超过 7 年，已经超过追诉时效，因此应该终止审理。这是一个非常聪明的辩护技巧，但是，如果辩护律师事先没有和当事人沟通的话，法庭上会出现什么效果呢？辩护律师在法庭上反复论证被告人的行为构成虚报注册资本罪的四个要件，被告人可能很不理解，为什么律师要论证我构成犯罪呢？如果不经过协商的话，被告人根本没有办法知道邱律师的用意和目的，如果法庭上无法取得被告人的配合，辩护效果肯定要大打折扣。所以，这些法律上的内涵都要和被告人讲清楚，因此，开庭前最后一次庭前辅导十分重要。

再比如说，检察院指控 15 岁的被告人犯有抢劫罪，而律师在法庭上反复论证其行为只构成抢夺罪，家属不知道这种辩护的法律意义。15 岁可以构成抢劫罪，但如果其行为只符合抢夺罪特征的话，按照法律规定，15 岁对抢夺不负刑事责任。因此，这种罪名从轻辩护实际上就等于是在做无罪辩护，一旦符合抢夺罪，法院必须立即释放被告人。这种情况也要事先和家属及被告人交代清楚，要事先征得委托人的同意。

综合今天我讲的所有这些内容，我总结一下我的观点：独立辩护论是职权主义诉讼模式下必然的逻辑产物，但是由于我们的制度环境和大陆法系还有诸多不同，出于各种因素的考虑，应该对独立辩护论作出必要的修正和限定，以防止其发生不利于被告人的负面后果。

以上就是我的一些不太成熟的思考，欢迎各位批判，谢谢各位。

互动问答

提问 1： 陈老师，谢谢您精彩的分享。我是一名刑辩律师，我最近手头有一个案子，当事人希望我能给他做无罪辩护，但我明知道做无罪辩护成功的概率非常小，所以必须和他说实话，当事人就觉得我没有别的律师水平高，其他律师都承诺可以做到无罪。所以我就很困惑，遇到这种情况，究竟是否应该按当事人的意志确定辩护目标？您刚才说辩护目标要听当事人的，我觉得是不是有点绝对了？

答： 您说得非常好。我说的辩护目标要听当事人的，是有前提的。当事人的这个决定必须是在信息充分的情况下作出的理性决断。这就需要律师对他的预期进行引导和说服。作为专业人士，其实我们都知道，很多案子，无罪辩护一旦失败就要面临重判，但很多当事人不懂，他们会认为，即使无罪辩护不成功，至少还可以争取个缓刑吧？其实，辩护活动，不是得不到最佳，还可以争取次优的，往往是拿不到最好的结果，就要接受最坏的结果。这点律师必须要给当事人说清楚，如果在告知了全部风险的前提下，当事人仍然选择了一条律师认为过于鲁莽的辩护思路，律师是可以不接受委托或者辞去委托的。但是一旦接受委托，我觉得还是要遵循我说的那个原理。比如，有个企业家被指控诈骗，他被关在看守所里度日如年，企业都在等着他，很多事情还要等他出面和决策，他当然希望律师能给他做无罪辩护，至少搞个缓刑也是可以接受的，但诈骗 1500 万元的证据非常充分，这个事实不容否认，最多只能把诈骗变成职务侵占，但这样的罪名，这样的金额，即便改变罪名，也不可能判缓刑，所以，律师一定要把这些法律上的专业判断告诉当事人，让他们在了解这些信息的基础上选择理性的辩护目标。所以，我们可以这样来理解刚才我的这个表述：关于辩护目标的选择，当然是律师更为专业和客观，但这并不代表律师可以抛开当事人自行作出决定，仍然需要在沟通和说服的基础上转化为当事人自己的选择以后，律师才可以按照这种思路进行辩护，最终服务的还是当事人本人认可的辩护目标。

提问2： 陈老师，您刚才讲的公民道德和职业道德的区分我觉得特别有启发，希望您能就这个问题再展开谈谈。

答： 关于道德和职业道德的区别，我们可以举印度最近发生的强奸案为例。请问大家，作为一名律师，我能不能因为痛恨被告人的行为而拒绝为其辩护？当然可以。对于委托辩护，接不接案完全是律师的自由，律师既可以因为收费不满意不接案，也可以因为情感上不喜欢委托人而不接案。有人说，那要是人人都像你这样不接案，谁来为被告人辩护呢？这个问题完全没有意义。人类社会发展到现在，就从来没有出现过"人人如此"的场面，这样讨论问题其实是在抬杠。总有人会因为各种原因去接你不愿意接的案子。但接下来的问题是，一旦律师决定接这个案子，能不能因为痛恨被告人而拒绝出庭呢？显然不行。所以，在接案之前，是普通人的道德观在起指导作用，你完全可以不为你不喜欢的人辩护，而一旦接受委托，则是律师的职业道德观在起指导作用，即便你对被告人有一万个讨厌的理由，也没有任何一个理由可以不去尽职辩护。这是两种道德观。年轻律师因为道德观和正义感还在爆棚阶段，一定要在执业之初就能区分好两者。

提问3： 您刚才说的逻辑上非常清晰，但实务操作中我们经常遇到的情况是，当事人就是坚持自己的看法，而这种看法又明显是对事实和法律的错误理解，但你又没法说服他，这个时候律师应该怎么办？

答： 很多问题其实都不是学术问题，也不是逻辑问题。说服不了他，很简单啊，退出委托代理关系啊。有人说你说得轻巧，哪能随便就退了啊？是的，这才是问题的关键，不是不知道该怎么办，是不舍得退费。（大笑）普列汉诺夫有一句话非常经典，道德源于计算。很多道德困境其实都是源于经济利益的纠结。你只要能够明确自己的价值序列，知道什么最重要，是不会产生道德困境的。"世间难得双全法，不负如来不负卿。"仓央嘉措的纠结就是因为他什么都想要，既想当个好和尚，又想没事谈恋爱。（大笑）话糙理不糙，希望我说清了问题的本质。谢谢。

推荐阅读：

1. 翟建："当事人的意志与律师辩护方案的确定"，载 http://blog. sina. com. cn/s/blog_ 4bf6eff10102w8hn. html。

2. 陈瑞华：《刑事辩护的理念》，北京大学出版社 2017 年版，第三章"独立辩护人理论"。

3. 韩旭："被告人与律师之间的辩护冲突及其解决机制"，载《法学研究》2010 年第 6 期。

04 恐怖主义与权利的边界

演讲地点：中南民族大学法学院

演讲时间：2014年5月8日

如果对于任何犯罪，包括恐怖主义犯罪和严重威胁人身安全的犯罪，我们仍然给予他所有人权保障而不加限制的话，那么宪法的人权法案就将变成整个美利坚民族的自杀协议。

——［美］卡多佐

大家好，欢迎大家参加今晚的讲座。前段时间，在云南昆明火车站发生了一起非常严重的恐怖袭击事件，五名恐怖分子持刀，在火车站各个区域肆意砍杀，导致 31 人死亡，141 人受伤，其中 40 人重伤。因抗拒抓捕，除一名怀孕的女恐怖分子被击伤而被抓获以外，其余四人被当场击毙。

这件事情发生以后，我和很多朋友在私下聚会时就会探讨这样一个话题，假设我们通过可靠的消息渠道，确信这几名恐怖分子在闹市区安置了杀伤性极强的炸弹，但无法判断其确切位置，离预定的爆炸时间越来越近，因时间紧迫，无法立即组织人员疏散，为了拯救更多无辜的生命，警察是否有权对恐怖分子施加酷刑，以迫使其说出炸弹的安放地点？如果可以，这种刑讯手段有没有程度上的限制？假设这位恐怖主义分子信念极为坚定，因而一般的酷刑对他毫无用处，警察是否可以把他的家人抓来，并以伤害他们相威胁？每次讨论，大家都会吵得面红耳赤。有的人认为，无论将来发生什么，法治的底线一定要坚守，在任何场合下都不允许以非法的手段获取信息，哪怕是为了一个崇高的理由。但也会有更多的人认为这是一种迂腐的书生之见，决策者不应该根据空洞的理念作出关乎更多人生死的鲁莽决断，这种场合下当然应当允许对恐怖分子进行刑讯，他的权利因为紧急事态的出现而必然要受到一定的限制。

是否存在着一种适用于所有人的普遍性权利？这种权利是否是天赋的，因而在任何场合下都不得以任何理由加以限制或剥夺？在公共安全和国家安全遭受重大威胁的情境之下，是否可以对部分公民的宪法性权利加以必要的限制以维护更大的利益？群己利益的合理边界究竟在哪里？这些你可能从未认真思考过的问题，在如今这个充斥着恐怖主义威胁的动荡世界，开始变得越来越具有紧迫的现实意义。要想验证一种理论，你只需要一个典型案例，但是要推翻一种理论，也许，你需要一个极端案例。这种极端案例可以促进大家对一些原则进行情景化的思考，而不是变成理念的奴隶，我们所学习的任何一个理论和原则都必须经过这样极端情境的检视才能成为我们的信仰。

天赋人权？

为了回答刚才的问题，我们首先需要检视的第一个理念就是天赋人权观。人权真是天赋，因而不能予以限制或剥夺吗？事实恐怕并非如此。19世纪，美国曾经有过一个排华法案，该法案就限制和剥夺了很多华人的天赋人权。在美日发生激烈战争的1942年，美国为了国家安全的考虑，曾经由罗斯福总统颁发9066号行政命令，对10万名日裔美国人非法拘禁，剥夺了日裔美国人的基本权利。20世纪50年代，一个叫作麦卡锡的威斯康星州参议员，为了抵御左翼和共产主义势力在美国的兴起，发动了一场针对全美的忠诚调查，借国家安全之名滥捕无辜、打击左翼人士，史称

"麦卡锡主义"。这场运动从 50 年代初开始，到 1954 年年底彻底破产。在前后 5 年时间里，先后有 250 万名公务员、300 万名武装部队成员、300 万名国防订货厂商雇员受到忠诚调查，是美国历史上最为黑暗的反人权时期。离大家记忆更近的事情也有很多。

麦卡锡

　　我们可以以关塔那摩虐囚事件为例，给大家介绍下美国是如何对待这些恐怖分子的。大家都知道，位于古巴东南部的关塔那摩湾，是美国在海外最早建立的军事基地，也是美国唯一没有规定归还期限的海外军事基地。作为美国的监狱，关塔那摩居然不是在美国本土，而是在和美国有敌对关系的古巴国土上，大家是不是觉得不可思议？你知道为什么美国人要把恐怖分子关押在古巴国土上吗？

　　1898 年，美国和西班牙爆发了战争，古巴当时还是西班牙的殖民地，美国在这场战争中最终获胜，自然就占领了古巴。1903 年，大家注意，这个时候的古巴还没有建立卡斯特罗的共产主义国家，连第一个社会主义国家的十月革命都还没有发生呢，美国和当时的古巴，就在这一年签订了一份互惠协议，租借古巴东部关塔那摩湾临近的地区。清政府当年租借香港给英国，租期是99年，后来还能收回来，古巴可好，后来在1934年和美国又签了一份永久租用条约，理论上只有该基地被美国人废弃了，古巴才能要回来。可美国怎么可能会放弃这个宝地呢？结果1959年古巴革命成功，卡斯特罗上台建立了革命政府，自然要求美国归还关塔那摩基地。而且卡斯特罗还很有骨气，一直拒绝接受美国支付的租金，以此抗议美国对关塔那摩的非法占有，不过中间也曾经要过一次，后来干脆就不要了。因为美国和古巴之间没有建立外交关系，这个基地一直没有归还期限。所以，因为这样特殊的历史原因，就形成了美国在全球唯一一个在敌国土地上建立的海外军事基地。

　　但是这也不足以解释为何美国要把恐怖主义分子关在这里，关在冲绳军事基地不行吗？关在菲律宾不行吗？难道关在关塔那摩仅仅是因为离美国本土更近吗？我倒觉得，关押得越远反而还越安全。距离远近其实都不是问题的关键，关键是，无论关在哪里，一定不能关在美国本土。因为只要关在美国境外，就可以不适用美国法律，尤其是美国宪法中规定的被告人权利法案，对他们的判决也不能上诉到美国联邦最高法院。而一旦适用美国法律，上诉到联邦最高法院，政府就无法控制最后的诉讼结局。所以，正是基于对恐怖分子宪法权利的考虑，才把他们统一关押在海外军事基地。既然这些恐怖分子的基本人权不受美国法律的保护，在这个地方发生各种虐囚事件，也就可以理解了。

关塔那摩发生大面积侵犯人权的现象，还有一个根源。由于基地成员袭击的对象是平民，而他们的支持者塔利班又不是合法政府，所以美方把这些囚犯作为敌方战斗人员而非战俘加以对待，这一点很重要。为什么？因为如果把这些恐怖分子看作战俘的话，就必须享有国际公约上所规定的战俘人权，但是要想享受这种战俘权利，又必须是日内瓦公约的缔约国，但是这些恐怖分子是基地组织的成员，根本就不是被承认的政府组织，所以，美国根本就没有把这场战争视为国家和国家的战争，而是一个国家和一个非法组织的战争，这样一来，恐怖分子自然就不能算作日内瓦公约意义上的战俘，而最多只能算是一般战斗人员，这样一来，他们也就自然不能享有所谓的战俘人权了。

现在大家应该明白为什么关塔那摩屡屡发生虐囚事件了吧？第一，关在美国境外，所以不适用美国权利法案。第二，不是战俘，所以不适用有关战俘人权的国际公约。虽然恐怖分子也是人，但这个时候，天赋人权的观念好像就派不上用场了。你会发现，天赋人权也是讲条件的，也是可以通过各种方法加以限制或剥夺的。这样一来，在关塔那摩发生大规模侵犯人权、虐待囚犯的现象，就可以得到制度上的解释了。因为有了这两点保障，美国前国防部长拉姆斯菲尔德甚至批准了水刑、剥夺睡眠等16种强化审讯法，以赋予从囚犯身上榨取有用情报的权力。还有更狠的，美国甚至还规定，如果对恐怖分子证据不足无法定罪，则仅仅根据其恐怖嫌疑就可以对其实施无限期关押。这可能让大家非常吃惊，对，这就是把人权看作至高价值的美国在对待恐怖分子时展现出来的人权观，这已经明显突破了现代诉讼文明的基本底线，因而在国际社会也遭到了很多抨击，政治外交压力很大。虐囚事件的不断曝光促使奥巴马政府干脆宣布关闭关塔那摩监狱，但是关塔那摩前后关押过 1000 个因犯，这些人换地方也不可能一蹴而就，也得慢慢做准备，比如当时就准备放在美国伊利诺伊州，但人家也不愿意接这个烂摊子，所以建新监狱的速度非常慢，反正建个 200 年，你也不能说我啥，我没说不接受，但你也得允许我慢慢分流啊。现在关塔那摩关押的因犯少多了，我拿到的这个数字是现在只剩 200 多人了。美国逐渐把恐怖分子分流到一些小国去继续关押，这些小国虽然必须听美国的话，但可以趁机要求美国给援助，借机敲笔竹杠。大家可以看一部电影《反恐疑云》，讲的就是 9·11 以后美国如何对待这些囚犯的故事，一部分关在关塔那摩，也有一部分关在叙利亚和阿富汗，让这些地方的监狱对恐怖分子进行刑讯，以获取情报。

　　了解了关塔那摩频现虐囚事件背后的原因，我们再翻开美国宪法，读那个曾经让无数人心潮澎湃的段落："我们认为，这是不言自明的真理，所有人生而平等。造物主赋予了他们一些不可转让的权利。"此时你的感觉还和以前一样吗？大家注意，这段话的英文原文是："All men are created equal."这句话是没有主语的，是用被动语态表达的，所以，《独立宣言》这个经典文本其实传递出了这样几个观念：第一，天赋人权。人民的权利并非主权者赐予的，而是生而有之，而既然人权不是人造的，自然就不能加以人为的限制或剥夺。广东省领导汪洋同志曾经说过，要打破人民幸福是政府恩赐的这样一种旧观念。我觉得说得特别好。第二，所有人生而平等。大家注意，这里可没有说美国人生而平等。既然是天赋人权，肯定是不分国籍的。第三，未列举权利。既然是天赋人权，那么权利的范围和种类就不是人定法所限定的，因此，绝对不能因为美国宪法的权利法案里只列举了 10 个权利就认为不存在其他基本权利了，那些未列举的权利同样可以成为基本人权的一部分。权利不是被规定而是等待被发现的。

但是，结合我们刚才讲的关塔那摩的具体问题，大家可以思考，美国宪法所宣示的这几条真的得到贯彻了吗？如果人权真的如建国者所言是天赋的话，这些权利的内涵和外延是不会随着时代和情境而发生任何变化的，也不会因为总统和国会的一时兴起而对权利的范围加以任意的限定或者扩张。还有，真的是"所有人"生而平等吗？那怎么解释关塔那摩的囚犯关押到境外，就不再适用权利法案的保护了呢？外国人不享有天赋人权，这不是自己扇自己耳光吗？

这些建国者说得那么好听，"人人生而平等"，我们可以一起来看看，美国在 1791 年颁布《权利法案》以后，实质上都做了些什么。以亚当斯为例，他是独立宣言的起草人之一，但却剥夺了美国公民言论自由和表达异议的权利，当他担任总统的时候，在汉密尔顿的强力支持下，实行了《克己法》和《镇压叛乱法》以对付人民。再比如，大家一定都看过一部美国影片叫《当幸福来敲门》，那个黑人演员在最低谷的时候，在街角电话亭投了一个硬币打电话给他老婆，就提到了杰斐逊的这个著名的句子："人人都有追求幸福的权利。"可是，谁又知道，这个负责起草《独立宣言》，写下那些振奋人心话语的杰斐逊，居然又参与起草了弗吉尼亚州的奴隶法律，否认了黑奴有追求幸福的权利呢？

杰斐逊

还有一个细节，这部电影的英文名是"The Pursuit of Happyness"。大家注意，happyness 这个拼写是错误的，正确的写法应该是把 y 变成 i，但是这么大的一个错误，为什么导演没有改过来呢？这其实是导演的一个设计。大家还记得吗？电影的第一个镜头是在唐人街，主人公去接自己的孩子。这个地区住的全都是到美国来追求幸福的移民，墙上到处写的都是他们对美好生活的向往，包括"幸福"，但是这些移民的英文水平比较低，所以不知道英文中的"幸福"要把 y 变成 i，导演干脆将错就错，沿用了这个错误拼写，借此表达：不论文化水平高低、社会地位高低，任何人都有追求幸福的权利。这就是这部电影错误的英文标题的含义。

但历史上，正是这位提出任何人都有追求幸福权利的杰斐逊却认为，黑人并没有与白人生而平等的权利。这样的例子还有很多，华盛顿曾是《克己法》和《镇压叛乱法》的坚定支持者；林肯曾在南北战争时期终止了人身保护令状；威尔逊曾授权司法部长违法监禁了数千名可疑的激进分子；罗斯福甚至不经正当法律程序直接下令监禁 10 万名日裔美国人；罗斯福也在没有陪审团的情况下，召集了军事法庭来审判一名德国间谍……权利真的是天赋的吗？

能否对恐怖分子刑讯？

既然人权不是天赋的，我们就解决了对恐怖分子刑讯逼供的第一个理论障碍，也就是说，所谓的权利并不是绝对的，一成不变的，而是可以根据情境的不同进行某种程度的伸缩或扩张。那么接下来的问题就是，在国家安全和社会安全遭到恐怖威胁的紧急状态下，我们能不能剥夺或限制恐怖分子一些基本人权，以及如果能的话，又能限制到什么程度？

现在我们回到讲座开头时给大家提出的那个情景中。假设在你面前有一个恐怖分子，注意不是嫌疑人，已经确信就是恐怖分子，而且，两个小时后，恐怖组织安放的定时炸弹就要爆炸，可能会死伤数千人，为了知道炸弹安放地点，现在对该恐怖分子进行审讯，但其无论如何不肯开口，请问，是否可以对他进行刑讯逼供，以挽救几千名无辜生命？

打！（大声回答）

请大家思考一下你们如此坚定态度背后的逻辑。这种情况其实非常好选择，因为打伤和救人是健康权、人格尊严和生命权的权衡，很容易作出判断，无论如何生命权都要大于尊严和健康权。所以，大家态度非常坚决。但是，如果需要打死恐怖分子，才能挽救那几千条生命呢？是生命权和生命权之间的权衡，大家还打不打呢？

打！（声音减弱）

很多同学态度发生变化了，你们犹豫了。犹豫的原因就在于，这一次是两个同等价值的权利在权衡，此时仍然选择打的同学，其依据已经不是权利性质之间的权衡了，而是权利主体数量之间的比较，因为死一人总好过死几千人。那我还可以继续追问下去：假设要权衡的权利性质一样，权利主体的数量也一样，也就是说，即便打死一名恐怖分子，也只能救下一名无辜平民，这个时候，你又会如何抉择？你抉择的依据是不是又不一样了？

（无人回答）

大家会发现，随着我把问题的范围进一步限缩，大家的态度变得越来越不坚定，你们犹豫的原因如果能够挖掘出来，就是伦理学上非常重要的心理学基础。大家产生道德犹豫的那个边际点究竟在哪里？是什么让你在直觉上感觉不能再坚持刚才的结论了？

如果你们现在还觉得应该打，相信你的立足点已经不是功利主义那么简单了。在第一个问题中，实际上是两种权利性质的权衡，在第二个问题中，实际上是权利主体数量的权衡，而在第三个问题中,虽然只能救一条人命,但这条人命是无辜的,而恐怖分子罪有应得。每个问题其实你们作出伦理选择的依据都各不相同。这是不是和电车难题特别相似?一个电车司机,刹车突然失灵,他既可以任由电车撞死前方五名扳道工,也可以转动方向盘,撞死另一条岔道上的一名扳道工,如果你是电车司机,你是否会选择转动方向,死一人而救五人?我想大多数人都会选择转动方向盘,因为死一人总比死五人要好。但其实问题没有这么简单。所以哈佛大学的桑德尔教授又增加了一个情景,帮你把那个隐含的判断基础给逼了出来,就是那个著名的胖子。(笑)对,那个胖子。假设你在桥上看到一辆失控的电车即将轧死前方五名扳道工,此时桥上有一个胖子,如果推他下去,正好能够阻挡电车前进的方向,也可以死一人而救五人,你会不会赞成把胖子推下桥?这个时候我想绝大多数人是不会选择以一救五的,那就说明其实你作出抉择的依据并不仅仅是数量的比较,一定还有什么你没有发现的伦理依据。我们需要不断增加变量来修正我们作出选择的真正基础。这就要求我们在哲学层面上思考这两个例子究竟有什么本质的不同,让我们的判断发生了根本的变化。哪位同学愿意发表你的看法?

同学甲:我认为电车司机在从事这项工作的一开始,就已经概括承受了这个职业的所有风险,包括决策风险,所以在当时他无法回避这种选择,究竟是撞一人还是撞五人。既然无法选择,在这两者之间,当然是可以在数量上进行权衡,所以,我们认为,撞一人救五人在道德上就不会让人那么难以抉择。但是在桥上看风景的路人就不同，他并非没有第三种选择，他可以选择袖手旁观，也不用承担什么道义责任，因为让他来拯救那五个人的确也有些强人所难。这样一来，如果他主动介入事件，实际上就不能作出一种数量上的权衡，因为他本来不在这个情境之中，他强行介入实际上扮演了上帝的角色，可能还会构成故意杀人罪。

同学乙：我觉得从扳道工的角度来分析也是有必要的。那几个扳道工在从事这项职业的时候也是概括性地承受了这种风险，但没有任何一个在桥上看风景的人，会承受被人推下去救人这种风险，大家是不可能为自己买这种保险的对吧。所以，胖子是完全无辜的，不能牺牲他的生命来救另外五个人，这和牺牲一个扳道工来救其他扳道工是不能类比的。这不是一个可以进行简单数量比较的问题。

分析得非常精彩！大家讨论的质量很高，也给我们开放了很多思考问题的角度。这个问题永远没有答案，一直追问下去也会特别有意思，从这些具体的情境之中，我们可以具体地思考那些伦理学说，思考功利主义的边界。什么时候可以进行简单的数量比较，什么时候又不可以？什么时候恐怖分子的生命可以成为我们拯救更多人生命的工具？

我也没有答案。但我想借机讲一讲学习方法的问题。其实大家没有必要一开始就去翻究竟有哪些伦理学说可以帮我们找到答案，不可能，大家要相信自己的道德直觉，然后再从西方学说思潮中找到符合你道德直觉的那个理论，深入研究。其实所谓理论，不过是对道德直觉的一种精致化表达。用这种思想去解决你的道德困境，然后再去学其他对立的学说，为自己的直觉寻找边界，进行修正和反思。久而久之，你的思维方式就可以培养出来了。

具体到恐怖主义的问题，我们可以结合一部电影《战略特勤组》的几个片段来思考你的道德直觉。第一个情境：当你不能确信对方是不是恐怖分子的时候，能否为了安全之名对其刑讯？第二个情境：当你确信对方是恐怖分子的时候，能否为了解决更多无辜市民而对其刑讯以期望找到炸弹安放位置？第三个情境：对方有着非常坚定的信仰，一般的刑讯根本无法获得答案，能否用伤害其身体的方式获得口供？第四个情境：对方连生死都置之度外，影片中将其家人带到现场对其家人施暴，以获取口供是否允许？第五个情境：……

你会发现，我们在看影片的过程中会越来越纠结，老师在课堂上说的那些清晰无比的原则在这些情境面前似乎都派不上用场了，理论根本无法帮助我们作出具体的决策，在情境里，原则傻了。没有人，也没有任何一个理论能给我们一个一劳永逸的标准答案，理论只能帮我们思考各种可能性。

敌人刑法？

我想给大家介绍一些学者关于这个问题的理论思考。给大家推荐一本书，美国著名法官和学者波斯纳写的一本小册子，谈的就是天赋人权到底是否存在的问题，书名叫《并非自杀契约：国家紧急状态时期的宪法》，是"不可转让的权利"系列丛书里的第一本。在这本书的开头，波斯纳教授就开宗明义地指出："宪法若不弯曲就会折断"，"权利应当依据环境而调整，我们必须在个人自由与社区安全之间找到一种实用主义的平衡。这种平衡不可能轻易转换成一些固定的规则，甚至不可能成为制定法。有时，就如同林肯当年在美国南北内战期间决定中止执行人身保护令一样，优先考虑的必须是迫在眉睫的情境，而不是规则"。美国联邦最高法院大法官卡多佐也说过一段类似的话："如果不分犯罪种类对所有的犯罪嫌疑人的基本人权都加以平等保障的话，则美国宪法当中的权利法案就会成为整个民族的自杀协议。"前面已经讲过，正是在这种思想的影响之下，美国政府先后批准了水刑、剥夺睡眠等 16 种强化审讯法，以赋予从恐怖主义囚犯身上榨取有用情报的权力。当时的布什政府甚至认为，关塔那摩 660 名关押犯是作为恐怖主义的嫌疑犯在海外被抓捕并关押在外国领土上的，他们可以在没有指控和审判的情况下被无限期关押。美国司法部也表示，允许在不给这些关押犯提供律师的情况下对他们进行关押，直到美国司法当局认为他们已经交代了所有有关恐怖分子行动的情况。这种违反基本程序正义的做法不能仅仅以实用主义的借口加以解释，我们必须回答一个根本的理论问题：为何恐怖主义嫌疑犯不受宪法基本权利的保护？

波斯纳法官认为，如果保障恐怖主义嫌疑犯的基本人权，不能对其进行刑讯，则很可能给整个国家带来灾难性的后果。这其实并非危言耸听。美国 20 世纪 60 年代由最高法院发起的正当程序革命，作出了一系列辉煌的判例，比如吉迪恩案确立了被告人获得律师帮助的权利，米兰达案确立了被告人不被强迫自证其罪的权利，等等。可是大家知道吗？在正当程序革命开始之前的 40 年代，美国犯罪率是偏低的，但是到了 60 年代，在最高法院赋予犯罪嫌疑人一系列权利之后，美国犯罪化浪潮开始汹涌而来，整个犯罪比例直线上升，这就直接导致了 70 年代最高法院司法哲学的大转向，伦奎斯特首席大法官带领整个法院系统开始往回缩，给各种权利设置例外。这也正是尼克松总统以加强社会治安的政策当选美国总统的原因所在。任何事情走到极端都是问题，波斯纳所说的"宪法如不弯曲就会折断"，讲的就是这个意思。如果连恐怖分子的权利都要机械地加以保障的话，对美国社会的潜在危险是非常大的。卡多佐的话也应该放在这个背景下加以理解。

以上我们介绍的是美国的情况，下面我们大家再来看看作为大陆法系代表的德国对待恐怖主义的态度。德国有一个著名的刑法学者叫雅各布斯，他在 1985 年的时候提出了一个"敌人刑法"的概念。他认为，刑法可以分为市民刑法和敌人刑法两类。对于前者，应当以保障人权为主要机能，而对于后者，则无须赋予其任何正当权利，他在刑法中仅仅充当一个客体的角色，其诉讼命运就是在肉体上被消灭。在市民刑法中，强调保障公民的基本人权，但在敌人刑法中却正好相反，不能赋予敌人各种权利保障，刑法的任务就是在肉体上消灭敌人，他只是诉讼活动的客体而已。1999 年，雅各布斯还专门写了篇文章进一步阐述敌人刑法的观念，把启蒙时代以来建立的无罪推定、人权保障思想全都给颠覆了。

美国的反恐斗争很大程度上也正是以敌人刑法作为最直接的理论工具，来论证自己限制恐怖分子基本权利的合理性的。因为即使按照美国人的说法，关塔那摩关押的恐怖主义分子不是美国公民，不适用美国法律，也不享有美国宪法所赋予的各项基本人权，但至少他们也属于战俘，理应受到日内瓦公约的约束，应当给予这些罪犯基本的人道待遇。但是美国连战俘的地位都不愿意承认，美国政府认为，由于恐怖分子没有遵循战争法，因而只是敌方战斗人员，而不是战俘，他们唯一享有的权利就是国际战争法以及《统一军法典》赋予非法战斗人员的权利。在这种论证思路下，我们至少可以得出一种结论：犯罪和战争是两种截然不同的危害社会的行为，因而针对犯罪和战争也应该建立两种截然不同的应对机制，如果运用一般的刑事审判制度，不但难以应对恐怖主义将来可能带来的危险，也很难对限制战犯人权的做法作出合理的解释。正是出于这种考虑，美国学者开始思考这样一个根本性的问题：是否应该建立两步式的审理程序，一位在押者，应当有权首选先由常规法院和常规程序进行审理，一旦法院认定其属于恐怖分子，则可以把他作为非法战斗人员转交军事法院按照敌人刑法的理论体系加以对待和审理。

我们学过刑法的同学都应该知道，刑法关注的是一个人的行为，法庭审判的也是他的行为，而非审判行为人。换句话说，刑法就是以行为为中心的刑法，但是一旦有了敌人刑法这个概念以后，刑法就会从关注行为，转变为关注行为人及其危险性。其实，关注行为人的危险性本身并不是问题，现行的法律也会关注危险性，但毕竟会限制在一个合理的范围之内。比如，定罪和量刑程序的分离就是一个最好的限制。在定罪环节只能审判行为，没有实施犯罪行为绝对不能判刑，但是一旦定罪之后，究竟判多少年刑期则可以考虑行为人的危险性。美国加州有一个制度叫"三振出局法"，英文是"three strikes out"，意思是，第一次盗窃一万块钱判一年，第二次盗窃一万块钱判一年，如果屡教不改，第三次仍然盗窃，哪怕仍然只是一万块钱，但刑罚可能就要上升到终身监禁。大家看，按照传统观念，按照行为刑法，同样的行为应该受到同样的惩罚，这也是罪刑相适应的要求，但第三次刑罚显然加入了对行为人危险性的考虑，从而加入了对危险性的惩罚。但是，绝对不能在定罪阶段就仅仅因为行为人有危险性而给他定罪，这是人权保障的底线，所以，现代刑罚很好地通过定罪与量刑程序的分离限制了行为人刑法观念的不当扩张，只能在量刑环节考虑危险性，如果仅仅因为有危险性而定罪，这是现代法治国家绝对不能容许的。

但是，敌人刑法对于整个社会的权力配置和法治国家的伦理底线是否会形成根本性的冲击？它带来的负面后果是否足以被其在国家安全方面的收益所抵消因而可以忽略不计？答案恐怕并不乐观，在敌人刑法观念之下，这个限制都有可能被打破。不管你有没有实施具体行为，只要你是恐怖主义犯，会给我们造成危险，我就可以先下手为强，比如刚才所说的，哪怕证据不足，只是有犯罪嫌疑，政府都可以对你进行无限期关押。这在之前的刑法观念里是不可能被接受的。所以敌人刑法必然会让我们的法律反应提前发生，刑罚不再是对行为的处罚，而变成了对危险性的处罚，只要你有危险性，就可以提前对你作出反应。大家想想，这种观念一旦真正落实，是不是很可怕？是不是很容易冤枉无辜？纳粹刑法不就是这样侵犯人权的吗？前面我们提到的各种对于权利的剥夺好在只能适用于一段时间，毕竟南北战争结束后就不能终止人身保护令了，麦卡锡共产主义威胁消除后就不能再继续进行忠诚度调查了。但反恐却是一个没有尽头的战争，一旦因为反恐而限缩权利，恐怕永无回头之日，从而在不经意间改变了宪法所确定的各种权力配置关系。美国行政权和立法权在20世纪一直在寻找各种机会扩权，一直苦于找不到口实，终于在这一次反恐中抓住了最佳机会。比如，9·11袭击发生后的第三天，国会就发布了联合决定——《动用武装力量授权决定》，根据这一决定，总统轻而易举地获取了下列权力：由于总统是武装力量的总司令，《美国宪法》第2条授权他以任何他认为合适的方式进行战争；我们正在同基地组织作战，因此总统有独有的专有权，决定是否赋予这场战争中的俘虏任何权利。2001年11月13日美军攻克喀布尔的当天，布什签发并宣布成立特别军事法庭、军事委员会，用于审判被抓到的非美国籍嫌疑人，同时宣布在关塔那摩设立"X射线"（X-Ray）战俘营，关押上述人员。设立特别军事法庭的目的是绕开常规的军事法院，规避美国1950年的《军事司法统一法》。特别军事法院是用于战争期间审理敌方人员的场合，完全由军方组成，被告人权利不受保障，进行秘密审判，而且判死刑不用一致通过，只需要2/3赞成即可。非法证据在这个法院可以被采纳。并且如果不服，只能上诉到总统和国防部，而不准上诉到普通法院。就这样，总统权力借助一场永无休止的反恐战争实现了之前无法实现的权力拓展。可以说，只要敌人不消失，这一权力就只能水涨船高。毕竟，权力是依附于敌人的存在而不是依附于人民的需要之上的。

你看，公民权利在反恐的名义下受到了空前的威胁。尽管以上事例都发生在遥远的美国，但对相关问题进行思考，对当下的中国也不是毫无意义的。究竟应该如何防止这种权力过分地拓展，以防其以保护社会为名行侵犯人权之实呢？

别让打击恐怖主义成为幌子

如何平衡总统权力拓展的危险呢？大家可以看看中南财经政法大学戚建刚教授所写的一篇论文，他在这篇论文中梳理了美国和德国在这方面的一些制度经验和典型判例。我可以给大家简述一下其中的主要内容。

2004 年 6 月 28 日，"拉苏尔诉布什"一案为我们观察这一制度逻辑提供了绝佳的机会。拉苏尔是非美国公民，他与其他数人一同提起了针对美国政府的诉讼。这个案子的焦点在于管辖权问题，即拉苏尔等非美国公民能否依据美国法律申请"人身保护令"，美国联邦法院对此类案件是否有管辖权。行政部门的抗辩理由主要有两个：一个是申请人（即被囚人员）的国籍问题，另一个是申请人被关押地的问题。美国联邦最高法院认为：人身保护令立法中没有区分被押人员的国籍，因此，本条款人身保护令与国籍无关，非美国人也可以受保护。针对第二个问题，最高法院认为，美方对于关塔那摩基地虽然没有主权，但是却拥有完全的控制权，因而美国法律可以适用于这一地区，管辖权的依据是地域而不是主权。两个问题都解决之后，联邦法院就取得了管辖权，然后拉苏尔在 2004 年 3 月 9 日被释放了。案件的判决结果给行政部门和军方出了难题。在法院作出判决之后，总统和国会迅速地作出了应对。布什总统专门签署了国会通过的《被囚人员待遇法》，用立法的方式修改了人身保护令条文：人身保护令申请在美国任何法院和法官都不得受理，任何与关押行为相关的行为也都不得被起诉。如此一来，政府和国会用立法的方式剥夺了法院对此类案件的管辖权，推翻了联邦法院对拉苏尔案件的判决，剥夺了联邦法院系统的管辖权，非美国籍的被告人再也不能依据这个先例要求审理自己的案件了。

但是法院也不示弱，他们找了一个切入口，开始反击。对于《被囚人员待遇法》制定之前的未决案件，该法案并没有作出明确规定，而根据通常对法律的解释，该法案不能溯及既往，以限制法院对案件的管辖权。另外，通过对"军事委员会"的组成、审讯规则的审查，这一机构并非国会授权建立的完整的军事法院的组成部分，其设立依据不合法，在机构组成和审判程序上违反了《军事司法统一法》和《日内瓦公约》第三公约关于战俘的规定。所以联邦法院既取得了案件的管辖权，同时又避免了和立法直接对着干的正面冲突。接下来，国会继续发力，通过《军事委员会法》宣布成立新的"军事委员会",将原来由总统行政命令设立而被最高法院认定违法的"军事委员会"改为由国会立法设立,解决了"军事委员会"这一机构的合法性问题。同时在该法案中又把《被囚人员待遇法》条文扩大到法案通过以前的未决案件。最高法院在 2008 年 6 月 12 日"布迈丁诉布什"一案中,宣布撤销《军事委员会法》第 7 款,动用了违宪审查权。这下一锤定音,总统、国会再也不能反击了。一个最弱的权利依靠违宪审查取得了最后的胜利。

你看,美国正是因为有了一个独立的司法系统才最终可以防止总统和国会借机拓展自身的权力,防止恐怖主义成为其扩权的借口和幌子。法院成了公民权利保护,甚至是恐怖分子这种特殊群体人权保护的最后一道制度堡垒。但是,因为各种原因,我国无法也不能实行和美国一样的制度安排,因为没有这样一个法院系统来承担这样的制度角色。现在连普通嫌疑人的权利都保障不了,一旦允许对涉嫌恐怖活动的犯罪可以违反现行法律规定,又没有相应的权力制约,其后果将不堪设想。

还有一个问题,大家想过没有,为什么美国这些案子,当事人可以告布什、告拉姆斯菲尔德,而且一告两三年?作为监狱里面的被囚人员,哪来这么大能力?有没有人支持?答案是肯定的。第一个就是律师本人。在刚才讲的案子当中,美国军方给嫌疑人指定了两个律师。第一个律师为了进行辩护,花了整整两个月时间才获得批准到关塔那摩监狱里和他的客户见面。后来,律师发现军方没有提供翻译,因而和这个来自中东地区的客户没法交流。

该律师为了更好地了解客户，居然专门飞到也门，和被告人的家人共同生活了一个月。其间，还悄悄地与一名基地组织的秘密成员有过一次长谈。你说他有必要为了一个这样的人把自己搭进去吗？他居然真就这样干了！你能想象美国律师是这么做案子的吗？而且还是指定辩护。我曾经去过美国公设辩护人的办公室，他们很多人之前都是非常成功的商事律师，挣了很多钱，后来投身到公设辩护人的工作中，收入可能只有之前的几分之一，甚至十几分之一，我在他们办公室看到一些无辜被告人被释放出狱后，给律师写来的感谢信还有和家人的合照，他们把这个作为自己一生的奖赏放在办公桌最醒目的位置，让我非常感动。

　　这个律师觉得自己能力不够，后来还专门请了乔治城大学一位 34 岁的教授帮他在美国联邦最高法院上诉，为什么呢？因为律师到了联邦最高法院，能力发挥不出来。他就是一个诉讼事务律师，但是到联邦最高法院谈论的是重大法律问题，要拿出有力的宪法理论来说服法官才行。后来两人联手帮助这名被告人获得了无罪判决。我们都知道，美国最优秀的人往往都不是美国人。比如，昂格尔是巴西过去的，艾玛是中东过去的，达马斯卡、施瓦辛格都是欧洲过去的，这名律师也是印度移民家庭走出来的。他说："美国是个很特别的国家，在关塔那摩的阴影之下，人们很容易忘记，这里每一个人都能够通过法律手段来保护自己，甚至将国家首脑告上法庭。而这正是我们父母来到这个国家的原因，我们不能因为恐惧就牺牲自由。"除了这个律师以外，在每一个关塔那摩囚犯上诉案件的背后，都有美国各种公权、人权联盟的作用，比如"美国宪法人权保障中心""美国自由联盟",这些公民组织、民间团体的作用非常之大,起到了为国家权力设置边界的作用。

所以,我想通过美国的例子告诉各位,看起来我们在讨论的是要不要给恐怖分子的权利设置边界,其实背后隐含的一个更重要的问题是,如何给国家权力设置边界,而后者往往是前者的前提。只有确保国家权力能够受到约束,我们才敢放手让国家对特殊群体的权利进行限制。

那么,如果一个国家不像美国一样实行三权分立,是不是就不能很好地应对恐怖主义的挑战了呢?当然不是,我们还可以举德国的例子,看看这个传统的大陆法系国家是如何给国家权力设置边界的。

9·11事件发生之后,德国早一个礼拜就开始全境搜捕,抓了几百个人,但是德国的反恐跟美国呈现出完全不同的两个路数:第一,德国没有宣布进入战争状态,而是仅仅通过修改普通法律应对反恐形势。根本原因在于德国基本法对于宣战有非常严格的限制。作为二战的法律遗产,出于发动纳粹战争的深刻教训,德国基本法对发动战争权力进行了严格的限制,因此通过战争状态应对反恐有法律障碍,只能通过修改普通法律、修改刑诉法来进行,所以相对比较平缓。第二,德国没有宣布紧急状态来宣布处置这些反恐嫌疑人,因为《魏玛宪法》就是因为把宣告紧急状态的权力赋予了总统,结果导致了纳粹司法的兴起。历史经验的吸取导致德国对紧急状态的宣布也设置了很大的障碍,因此也不能通过这个途径。二战的遗产,二战的秩序一定要维护。这和现在准备修改宪法的日本形成了鲜明的对比。第三，德国基本法规定，不准设置任何特别法院，必须在普通法院里解决这类案件，适用与一般案件相同的基本权利。这是德国与美国不同的重大原因之一。第四，德国基本法还规定，任何犯罪都不能判处死刑。这就意味着，恐怖分子也不例外。第五，公民基本权利一定要保障。德国基本法规定，在任何状态下，除住宅不受侵犯权和迁徙权以外，在任何情况下对其他任何权利都不得加以限制，尤其是公平审判权。第六，德国所有反恐法律必须隔几年审一次，如果没有通过就不能再用了，这是立法控制。再看一下司法控制。德国有一个法院叫德国联邦宪政法院。你知道宪政法院干的是什么事儿吗？2004年，德国国会为了应对反恐，发布了一个《航空安全任务规范法案》，规定被劫持的飞机如果到了德国领空，确定是恐怖袭击的话，可以将其击落。这个条文出来以后，联邦宪政法院宣布该条款违宪。居然这种情况也不准击落！真是难以想象的对国家权力的严厉控制。

德国在对待反恐案件的时候，整个法院系统都是非常克制的。2001年11月28日，德国警方在汉堡大学拘留了一个叫穆塔萨迪克的摩洛哥人，此人被怀疑为本·拉登的基地组织设在德国汉堡的分支机构成员之一，为9·11袭击事件的劫机犯提供后勤支持。2002年8月，德国联邦检察官在汉堡地区法院对穆塔萨迪克提出从犯的指控，因为德国政府拒绝让两名关键证人出庭接受质询，从而侵犯了被告人与证人对质的权利，结果二审法院将一审15年有期徒刑改判为7年有期徒刑。在另外一起涉及恐怖分子的案子中，也是因为关键证人没有出庭，汉堡地方法院居然以侵犯了被告人公平审判权为由直接宣布被告人无罪。

大家看，德国虽然没有选择雅各布斯的敌人刑法的理论学说，也没有像美国人一样选择战争策略，但是在法律领域里还是固守住了法治的底线，将不得溯及既往原则、无罪推定原则以及公民基本人权受到保护的原则，坚定地贯彻在哪怕是恐怖主义嫌疑犯的案件当中。

讲到这里，大家也许和我有了类似的感觉：世上并不存在一种所谓天赋的人权，任何权利都会在特定情境下被重新界定其适用范围和边界。为了保护更大的国家和公共利益，恐怖主义分子的人权可以得到限制甚至是剥夺，但前提是，有权剥夺他人权利的机关必须有其他的力量对其加以制衡，只有受到限制的国家权力才能对公民权利加以限制。美德等国因为有各种制度保证了对国家权力行使边界的控制，所以，在限制和剥夺恐怖分子人权的时候就能够理直气壮，而我们的问题在于，尽管在特殊情境之下，必须限制恐怖分子的人权，但是理性同时也告诉我们，如果没有对国家权力的另一重限制，这种权利的单向限制将会是非常可怕的双刃剑。也许，我们可以在对恐怖分子的斗争中取得暂时的胜利，但却会在另一场斗争中败下阵来。

今天的讲座就到这里，谢谢大家。

互动问答

提问1：陈老师，从您的讲座中，感觉您似乎对天赋人权的观念抱有一种怀疑的态度，假如我的这一理解没错的话，那您认为正确的权利来源是什么呢？

答：是的。我对天赋人权观念是有怀疑的。首先，按照这种理论，权利在任何极端情境下都不得被剥夺或加以限制，但是，如果你也有一定的后果主义思维，相信你也不会认同这一点。其次，如果权利不是来自于自然法，是否就一定来自于实定法？恐怕也未必。大家可以去看看美国哈佛大学德肖维茨教授写的一本小册子《你的权利从哪里来》，这本书对权利来源理论有很好的分析。他认为，没有任何人知道完美的正义状态，但几乎所有人都能说出不正义的状态是什么样子，尤其是那些受过不正义对待的人。所以，权利来源于那些剥夺权利的恶行。每一次恶行都会让人们对一种权利产生深切的痛感，并进而产生一种权利观念。你和柏拉图讨论什么是正义，除非你也是知识精英才讨论得清楚，但是只要你有过生活经验，就可以和任何人讨论不正义，所以，相比于天赋人权这种静态权利观，经验权利观没有什么精英色彩，更接地气，而且可以观察、可以讨论、可以证伪。我更倾向于接受这种经验主义的权利来源理论。如果用这种权利观来看待反恐问题，其实问题就很简单了，权利是可以根据极端情境的变化而加以经验性的扩张或限缩的。

提问 2： 陈老师，我基本认同您所说的可以限制恐怖分子基本人权的说法，但是我觉得这里有一个度的把握和衡量问题。如果我们是基于保护公共安全利益的考虑而限制恐怖分子的自由的话，就应该在安全和自由这两个价值之间进行一个量的评估和权衡。所以，我认为要不要限制恐怖分子基本人权其实根本不是问题的关键，问题的关键在于限制到什么程度才算合理，但您在这方面好像提到的很少。

答： 谢谢你精彩的问题。你说得很对，波斯纳在他的《并非自杀契约》这本书里也提到过这个观点，他也认为，自由与安全相比哪个重要、哪个不重要其实并不是大家关心的重点，重点是，你所限制的自由和由此促进的安全究竟哪个价值更大。因此，这的确是一个量的比较而非质的取舍问题。如果限制恐怖分子一点点的通信自由，就可以保护几亿人的生命安全，何乐而不为呢？这根本就没有任何决策的难度。但你想过没有，有的时候，这种比较是很难进行的。举个简单的例子，比如刑讯恐怖分子肯定会造成伤害，但刑讯很可能毫无结果，恐怖分子宁愿被打死也不会如实交代，这个时候怎么权衡？一方面肯定损害自由，但另一方面又不一定能保护得了安全。如果真的能形成量化比较反而没有决策的难度了，但更多时候，我们面对的都是这类概率的比较和抉择。人类社会最大的悲剧就在于你不能回避这种概率决策，无论在道德上有多么困难，你都必须在那一瞬间作出决定。关于这一问题，说实话，我也没有确定的标准。但是，正如刚才我回答第一个问题时强调的，如果我们的法院能够持有一种经验性的权利观念，就可以根据当时自由和安全的相对砝码而改变这种权衡的尺度。比如，当时反恐形势非常严峻，法院就可以给危害安全的概率更大的赋值，只有一个强大而独立的司法机关才能做好这种赋值和权衡的工作。正如20世纪60年代的低犯罪率为美国联邦最高法院急剧扩张被告人权利提供了时代舞台，70年代的高犯罪率又反过来为限制这些权利提供了正当的理由。这也是我们一再强调法院地位的意义所在，只有我们拥有了这样一个强大的法院系统，我们才能让司法不但成为正义的最后一道堡垒，而且成为正义的最好的一道堡垒。

推荐阅读：

1. 杨小敏、戚建刚："美国的'政治大棒'与德国的法律程序——后'9·11'时代美德反恐、国际合作第一案之解读"，载《南京大学法律评论》2010 年第 1 期。

2. 蔡桂生："敌人刑法的思与辨"，载《中外法学》2010 年第 4 期。

3. 周强："美国关塔那摩系列人权案中的权力制衡"，载《美国研究》2011 年第 3 期。

4. ［美］德肖维茨：《你的权利从哪里来?》，黄煜文译，北京大学出版社 2014 年版。

5. ［美］波斯纳：《并非自杀契约：国家紧急状态时期的宪法》，苏力译，北京大学出版社 2010 年版。

05 程序失灵的理论解读

演讲地点：中南财经政法大学法学院文澜大讲堂

演讲时间：2014年4月10日

经验是一回事，理论是一回事，但是连接起来则又是另一回事。

——［美］黄宗智

大家好，今天我给大家汇报的题目是"程序失灵的理论解读"。新中国成立初期，中国进入了一种思维的怪圈："凡是敌人赞同的我们都反对，凡是敌人反对的我们都赞同。"两个"凡是"开始登上中国的法律舞台。在这种思想的影响下，我们废除了国民政府经过艰苦努力积累起来的法治近代化成果——《六法全书》，也清除了所有旧司法人员。那没有人司法怎么办呢？在50年代掀起的那场司法改革中，我们从南下的部队中选拔了一些政治素养比较高的人进入司法队伍，以此取代旧的司法人员。旧的已经砸烂，但新的尚未建立，新中国度过了很长一段无法而治的时期，在长达30年的时间里，我们几乎只是依靠1952年通过的《婚姻法》和1954年通过的《宪法》来治理这片神州大地，一部法用来治国，一部法用来治家。而对于一个国家的治理非常重要的《刑法》和《刑事诉讼法》直到1979年才被制定出来。在这30年时间里处理刑事犯罪，靠的全是党的红头文件。

　　直到"文革"结束之后，人们才开始意识到刑事法治的重要性，所以，高层就委托了刚刚从秦城监狱走出来的70多岁的耄耋老人彭真来牵头制定多部重要法律。彭老早年是北京市委的主要领导，在"文革"期间被打入监狱，深知没有刑事法治带来的危害，因此，出狱后只争朝夕，在不足3个月的时间里就制定出了八部法律，其中就包括《刑法》《刑事诉讼法》《人民法院组织法》

《人民检察院组织法》。可以毫不夸张地说，中国法治的起步，就是从《刑法》和《刑事诉讼法》开始的。但大家可能不知道的是，在制定这两部法律之前，还出台了一个更早的文件——《拘留逮捕条例》。所以更准确的说法应该是：中国法治的复兴是从公法开始的，公法的复兴是从刑事法开始的，刑事法的复兴是从刑诉法开始的，而刑诉法的复兴是从拘留逮捕的法治化开始的！

彭 真

但遗憾的是，为了审判"四人帮"能够有法可依，《刑事诉讼法》起草可谓时间紧任务重，而且政治意味特别强。由于各种主客观条件的限制，形成了当时宜粗不宜细的立法指导思想，所以最后出来的条文就是 164 条。现在看来，这么少的条文的确太过粗略了。这部法律后来在实行过程中的确出现了很多的问题，最典型的比如收容审查制度，当时海南省检察院的副检察长因为出了问题而被收容审查，中国人民公安大学的崔敏教授是他的老同学，为此专门发表了好几篇文章谈论废除收容审查制度的问题：《一论废除收容审查》《二论废除收容审查》《三论废除收容审查》，连续六七篇，最后都被收入到崔敏老师《呼唤法制文明》的纪念文集中，大家可以找来看看。在各种因素的影响下，1996 年，终于出台了《刑事诉讼法》的修正案。这次修法非常重视学者的作用，主要由学者牵头拿出草案，所以，这一稿《刑事诉讼法》有很多和国际接轨的亮点，因此修改通过后，国内国际一片叫好之声。比如，把罪犯区分为犯罪嫌疑人和被告人；确立了疑罪从无原则，增加了证据不足这一新的无罪判决种类；确立了控辩式的庭审模式等等。但后来实施的情况表明，这次法典修改的很多进步之处在实践中都没有得到体现，很多规定都被规避了。比如，控辩式庭审所要求的证人出庭制度实际上名存实亡。以李庄案为例，李庄被指控伪证罪，在一审中有 8 个重要证人，龚刚模、龚刚华、马晓军、吴家勇等，这些证人被重庆警方关押在看守所里，其实出庭都非常方便，但实际情况却是没有一个证人出庭。当时陈有西律师就反复质问控方为何不让证人出庭。控方的回答是，这些证人有另案在身，因而不便出庭。但问题是，在李庄案件审理结束以后，也没有对这些证人以其他罪名起诉，反而是案件刚一审理完毕，这些证人就全被释放了。所以，人们当然会合理地怀疑，警方就是为了不让证人出庭，才以另案处理的名义把他们关押控制了起来。通过这起案件，你会发现，证人除了不愿出庭、不敢出庭以外，还有一种可能就是根本不能出庭。在福建发生的"黄金大劫案"中，涉及的证人有 100 多人，也没有一个证人出庭。法庭上见不到证人，整个抗辩式庭审就无从建立，1996 年修法所期待实现的目标就会落于空谈。还比如，我们 1996 年废除了庭前卷宗移送制度，以期能够防止法官产生庭前预断，但由于整个诉讼模式并没有发生根本性的变化，导致庭前阅卷演变成了庭后阅卷，问题并没有得到根本的解决。类似程序法被规避的情况不一而足。所以，再次修改《刑事诉讼法》的工作又被提上议事日程。2012 年修改《刑事诉讼法》主要着力解决四大问题：刑讯逼供屡禁不止、超期羁押屡禁不绝、律师权益保障乏力、执行腐败乱象丛生。这次修法，我记得当时反对票数高达 160 票，创下了新中国成立以来所有法律草案反对票数最多的纪录，远远超过了当年 50 多票反对的《物权法》。经过几年的实践检验，这部法律在很多方面的确解决了长期以来困扰实践的一些难题，但又产生了一些新的问题，尤其是程序失灵现象仍然十分突出，程序规则仍然被大量搁置和规避。我们可以随便举几个例子。

第一，会见权。大家都知道，律师会见难是 1996 年《刑事诉讼法》颁布后实践中反映问题最多的领域，律师会见犯罪嫌疑人必须经过公安机关的批准，即便获得批准，在会见时侦查人员也会派员在场，使得会见往往无法取得实际效果。为了解决这一难题，2012 年确立了律师三证无障碍会见制度，规定律师可以持律师执业证、事务所证明、委托书或法律援助公函去看守所直接会见嫌疑人，而再也不用经过公安机关的批准。但这一制度也保留了一个例外：危害国家安全案件、恐怖活动犯罪、特别重大贿赂案件这三类犯罪，律师会见仍然要经过侦查机关批准。尤其是特

别重大贿赂案件的会见，在实践中被恶意曲解，立法精神被完全
架空。按照《人民检察院刑事诉讼规则》的规定，只有50万元以
上才算特别重大贿赂，因此，50万元以下的案子，律师会见嫌疑
人仍然是不需要批准的，但在实践中，却出现了以下几种理解：
其一，认为涉案金额50万元以上的商业贿赂犯罪，律师会见也需
要经过侦查机关批准。这种理解显然是错误的，商业贿赂犯罪属
于公安机关经侦部门侦查，不应该属于这里的特别重大贿赂犯罪。
其二，认为涉案金额50万元以上的贪污犯罪，律师会见也需要经
过侦查机关批准。这种理解也是错误的，贪污案件和贿赂案件不
能等同。法律之所以规定贿赂案件需要限制会见，是因为贿赂犯
罪是对象犯，担心一旦随意会见，犯罪分子之间就可能会互相通
风报信，但贪污罪就没有这种担心，所以不应该限制此类犯罪的
会见。其三，为了达到涉案金额50万元的标准，在侦查时故意将
金额夸大，以此为理由限制律师会见，然后在此后的诉讼程序中
再减少对犯罪数额的认定。其四，将共同犯罪的犯罪数额进行加
总来计算涉案金额。这种做法是典型的违法操作，是对法律的恶
意曲解。我有一次去律协讲课，有个律师跟我讲起他遇到的情况，
让我大跌眼镜。他代理了一起行贿案，嫌疑人涉嫌行贿20万
元，无论如何都靠不上特别重大的标准，但万万没有想到，他去
看守所要求会见时也遭到了拒绝。看守所的理由是：虽然你的嫌
疑人涉嫌犯罪数额只有20万元，但受贿人还从别人那里受贿，受
贿数额加在一起已经超过50万元，因此这起案件应该视为特别重
大贿赂犯罪案件，会见必须经过检察院批准。当时律师听到这个

理由，脑袋都要炸了，没想到居然还能这样理解法律。

第二，阅卷权。有一个涉黑案件，嫌疑人有几十个，卷宗有几百本，加起来有十几万页。律师到检察院要求复印卷宗，检察官说，法律只允许复制，但没说可以复印。（笑）当时律师都不知道该如何反驳了，一时没有反应过来，没有见过这么不讲道理的，第一次感觉小学学的近义词辨析其实还蛮有实际意义。（笑）当然，这个案例有点极端，一般不会遇到这样故意刁难的检察官。还有一个律师跟我讲了他遇到的一个情况，大家都知道，阅卷的手段有查阅、摘抄、复制三种，中间分别以顿号相隔。大家想象力再丰富，都想不到这个规定在实践中会如何被规避。检察官只允许他查阅，但不允许他复印，律师说法律明明给了三种阅卷方式，为什么只能查阅而不能复制？检察官回答说，这三种权利之间是用顿号隔开的，因此，只能选择其一，现在检察官选择让你查阅，选择权属于检察官而不是律师。律师后来问我，碰到这样不讲理的检察官该如何回应？说实话，没有这样的检察官，我们平时看法条也不会看这么细，就像没有死磕派律师，有些检察官也不会仔细研究程序法一样。大家看看，这三种阅卷方式之间是用顿号隔开的，而顿号在法律条文中是有特殊含义的，比如应当指定辩护的情形"盲、聋、哑"也是用顿号隔开的，我想没有任何人会理解为必须"既盲又聋又哑"才能要求指定辩护吧？顿号表示的肯定是一种选择关系，而且这种选择权主体应当是律师而非检察机关。大家看看2007年的《律师法》就做了一个细微的修改，改成了"查阅、摘抄和复制"，把第二个顿号改成了"和"，就是这么细微的区别，这样一来，这三个手段之间就肯定不是排斥关系，而是可以任意组合的选择关系，律师可以选择放弃其中某一个手段，选择权掌握在律师手里。可是，2012 年的《律师法》，那个"和"字又变回到了顿号。还有一个案子，律师要求以拍照的方式阅卷。当然现在拍照这种阅卷方式已经很普遍了，但在几年前，还真的有检察院不同意，理由是，法律只规定了可以复制，但没说可以拍照。后来最高检规则明文规定，律师阅卷"可以拍照、可以扫描"。大家听起来好像都觉得非常好笑，难道这不是复制这个词的应有之义吗？这还需要研究？还真没有这么简单。大家看看，为什么司法解释没有再直接援用"复制"这种表述，而是换成了"拍照、复印、扫描等方式"？就是因为出现了上述这些匪夷所思的错误理解。但是，法律无论怎么规定，都永远跟不上实践的脚步，永远想不到实践会发生哪些新的情况，所以，解释里专门加了个"等"字，就是为了避免这种规避现象的再现。比如，2012 年《刑事诉讼法》要求公安机关对 10 年以上有期徒刑、无期徒刑或死刑案件的讯问过程应当制作同步录音录像，这样一来，录音录像的光盘就成了阅卷的对象之一，对于光盘如何阅卷，就是一个新的理解问题。有的地方还真是不允许拷贝，只让你复印，理由是法律没有规定拷贝这种阅卷手段。如此机械地理解法律，怎能让人不感到无奈？有一次，我去某市检察院讲课，这个地区还是我国比较发达的城市，当时检察长说了一句话，他说："大家不要太担心，新《刑事诉讼法》出来以后大家感觉不适应，这种情感我 1996 年的时候就体会过，那时候觉得狼来了，过一段时间发现工作又回到老路上去了，没有那么可怕，我相信这次我们的担心也是多余的。"我听到这话以后，觉得他的确没有把我当外人，说得挺实在，但另一方面，我也感到一种无奈，难道这两次改革都做了无用功吗？当程序反复被架空，程序法的意义和尊严又如何体现呢？

不再列举更多的例子了，下面我们想概括一下，无论是1996年还是2012年修改《刑事诉讼法》，中国的刑事司法实践都呈现出了一种规律性的现象，就是不论法条层面规定得多么光彩亮丽，实践都完全呈现了另外一幅面貌。毫不夸张地说，在中国，刑事司法在很多层面已经走到了法条的反面。我甚至觉得同学们想了解实践，未必一定要到实务部门去亲自实习，至少有三个办法可以初步了解实践的运行状态，第一个办法就是研读法条，然后在法条上加上一个反义词，往往就是司法实践的真实状况，因为司法实践往往已经走到了刑诉立法的反面。这是程序失灵的一个表现。比如，法律规定"证人应当出庭"，则实践的状态就是证人一般不出庭，法条规定"严禁刑讯逼供"，实践中就是刑讯逼供泛滥。第二个办法就是研究卷宗。很多同学在律所实习的时候，总觉得装订卷宗没有收获，实际上，这里面大有学问。很多案件的证据材料，尤其是言词证据，其实揭示的都是各个行业的一些潜规则，对于学生而言，这是了解真实世界运转方式的非常好的渠道。当然，大家了解这些潜规则以后，应该注意今后加以避免，而绝不能用来效仿，那样就走偏了。第三个办法就是要多注意行业规范中的一些有"不得"字样的条款，而不是那些有"应当"

字样的条款。"应当"往往只是一种倡导性的口号，而"不得"往往都具有很强的现实针对性，后面的表述往往都是实践中惯常的错误做法。

表达与实践的悖反

黄宗智

在中国刑事司法实践已经走到立法反面的时候，法律人应该如何看待这种理论和实践的悖反现象呢？著名学者黄宗智在中国人民大学出版社出版了一本论文集，叫《经验与理论》，强调了一种通过悖反现象研究中国社会的独特研究方法。黄教授有一句话说得非常经典："说是一回事，做是一回事，说和做如何结合又是另一回事。"而这种结合恰恰是新的学术增长点。他认为，理论和实践不一致的悖反之处，立法和实践不一致的悖反之处，恰恰是理论创新和制度创新的原点。仅仅就法条研究法条，只是一般学者，就实践研究实践，只是调研报告，只有关注法条和实践之间的悖反现象，才可能成为一流学者。要知道，学者只有两种：除了一流，都是末流，没有中间状态。

但是面对法条和实践的这种悖反，我们学者通常会采取什么样的立场呢？第一种立场——批评立法。只要法律被规避，一定是立法出了问题。社科法学的学者会比较倾向于采取这种立场。比如，为了保障人权，我们规定拘传应当以 12 小时为限，但是检察院反贪的同志告诉我，立法上保障人权的进步，使得办案部门控制人的时间变少了，导致他们根本没有办法在这么短的时间里突破口供。既然没法突破口供，检察院掌握的办案手段又不多，当然会寄希望于纪委阶段的查证，因为纪委办事可以不受《刑事诉讼法》各种期限和规则的限制，他们办完后再交给检察院，把证据一转化就完事儿了。所以，1996 年之前，纪委很少和检察院联合办案，可是 1996 年立法加强了人权保障以后，反而催生了检察院和纪委联合办案的现象。"难道法条的进步就意味着人权保障的真正进步吗？"这是他提出的一个质疑。这个现象很值得大家思考。

第二种立场——批评实践。这种立场在学者中更为常见，大家一定感受也很深。法学院的老师似乎都是愤青，一上课就是批判，一提到刑讯逼供，就是指责警察素质太低、观念落后，而且一些论文，对策部分总有"转变观念，加强领导"这样的表述。但是，很多时候，我们静下心来想想，真的是素质和观念的问题吗？刚才提到的李庄案件的审判长，一审中没有让任何一个证人出庭作证，但是有人非常八卦，把他的经历给搜了出来贴在网上，结果大家发现，他法学素养并不低，是西南政法大学的硕士研究生，而且更加让人喷饭的是，他当年硕士论文的题目居然就是《论证人出庭作证的必要性》。（大笑）你能说是他素质不高吗？有一次，有个外国人问我知不知道这句英语怎么翻译："where you stand，and who you stand for"。旁边有人插话，"你站在哪里，就要为他而站"。我说你这样等于没翻译，应该理解为"你站在哪里，就要为谁说话"，或者直接翻译成"屁股决定脑袋"。（笑）为什么一个硕士在校时写的都是人权保障的论文，毕业后一到公安部工作观念就立马转变成打击犯罪了呢？一定是有别的原因。所以，分析事物，千万别从观念入手。三联书店出了一本《路西法效应》，大家看过吧？有心理学家做了一个斯坦福监狱实验，把大学生分成两组，一组做监狱的管理人员，另一组做监狱的被监管人员，时隔几个月以后每个人的心理都发生了微妙的变化，监管者特别容易打人，被监管人特别容易顺从，心理就被自己的社会角色慢慢同化了。这是观念的问题吗？其实是体制驯化的结果。记得美国历史学家胡克曾经说过一句话，叫"原因的原因不是原因"，诉诸观念和文化来解释一个现象，是分析能力不足的体现。但是这种居高临下去批判实践的心态却非常普遍。大家都知道，弗里德曼是著名的诺贝尔经济学奖获得者，他的经典学术观点是，政府干预过度，会使得经济衰退，而政府不干预市场，会使经济更为繁荣。这一自由主义经济学的核心立场在解释西方社会历史的时候没有任何问题，但唯独在解释新加坡的时候出现了障碍，

新加坡政府对经济的干预很多，可经济却持续繁荣。理论在解释
力上出了问题，正好是发展和修正理论的绝佳机会，但弗里德曼
却拒绝承认错误，他居然补充说自己的理论只适用于国家和经济
的关系，而新加坡只是一个有一千万人口的大型企业，不是一个
国家，所以不适用自己的这一理论。此言一出立即引起轩然大波，
新加坡政府强烈驳斥弗里德曼的结论，要求其撤回关于新加坡政
府性质的不当言论。"你才是总经理呢！我明明是总理！"

弗里德曼

大家看，在面对这种表达和实践悖反现象的时候，我们往往
会在不经意间犯下两种错误，要么盲目批评立法，要么盲目批评
实践。其实，学者应该做的，恰恰不是批评，而是冷静地解释这
种悖反现象发生的原因，要走中间道路，走解释实践的道路。黑
格尔曾经说过："凡是存在的都是合理的。"很多人其实都误解了
这句话的含义，这句话的意思并不是说，存在的都应该维护，而

是说"凡是长期存在的一定是有原因、合规律的"。这里的"存在"应该理解为"长期存在、反复发生","合理"应理解为"合规律、有原因"。只有这样理解，才符合学术的角色和使命。学者的任务不是为现状辩护，而是为现状提供发生学意义上的解释，去揭示其背后的因果关系。至于嘲笑法律，或者抨击实践，这两种态度都要不得。

所以，一个国家立法和司法的脱节点、表达和实践的脱节点以及经验和理论的脱节点，都正好反映出这个国家真实的法治状况。正是在表达与实践的悖论之中，蕴藏着巨大的理论宝藏，是作出学术和法治创新的绝佳时机。只要能在这种悖论之中找到制度改革的创新灵感，一个国家的法治就会取得巨大的进步，一切的法治建设和法学研究都应该在悖论现象中寻找课题。众所周知，中国在理论和实践、表达和实践之间的悖论极大，张力极大，理论带不动实践，实践不符合理论，理论、实践两张皮的现象普遍存在，这正是我们这一代法律人作出杰出贡献的绝佳历史时机。

我们下面就来分析一下，究竟是什么样的原因导致了我们的程序法总是面临被规避的命运？表达和实践为何会出现这样的悖反现象？

法律规范逻辑结构的缺失

中国的程序失灵到底出了什么问题？我觉得首要原因就在于法律规范逻辑结构的缺失，有三个具体表现：第一，程序性条款无实施；第二，权利性条款无救济；第三，义务性条款无制裁。

先说第一点，程序性条款无实施。举个例子，大家设想一下，如果你是律师，复印了卷宗材料以后，在会见在押嫌疑人的时候，会不会把全部卷宗给他看？我想很多人可能都不敢这样做，因为这里面蕴含着巨大的职业风险。一旦让嫌疑人看到卷宗，知道了证据情况，尤其是其他人的言词证据情况，很可能会翻供、串供，律师就可能面临妨害作证罪的刑事风险。这不是危言耸听，李庄被追究责任其中一个重要原因，就是他把同案犯的口供给嫌疑人龚刚模直接阅览，而正是这一点被检察院认为涉嫌教唆伪证。但是，完全不给嫌疑人看也说不过去，毕竟嫌疑人是当事人，理应享有知悉指控证据的权利，不然根本无法准备自行辩护，也无法与律师协商、沟通辩护思路，更重要的是，有些证据比如签字，的确需要嫌疑人本人确认其真实性。所以 2012 年《刑事诉讼法》就作出了这样一个折中的规定：辩护律师"自案件移送审查起诉之日起可以向犯罪嫌疑人核实证据"。大家注意，立法并没有直接赋予被追诉人阅卷权，而是用律师有权向嫌疑人"核实"证据这种表述方式。结果，各方关于如何理解"核实"发生了巨大的分歧，大概有三种看法：第一，律师可以把全部卷宗交给被告人亲自阅览，比如陈瑞华教授就持这种观点；第二，只能给被告人看实物证据，比如原最高检副检察长朱孝清就是这种观点的代表；第三，只能给被告人核实一些特殊证据，比如签名的真实性。律师当然倾向于做第一种理解，而检察院自然倾向于做最小范围的理解。在两种理解不一致的时候，实践中律师究竟应该怎么操作呢？显然，如果按第一种理解去操作的话，会有巨大的职业风险。所以我给律师讲课的时候经常会说一个观点，大家经常呼吁要增加律师权利，但如果权利界限和行使方式不明确的话，即便立法确认了你的权利，你也不敢用，因为每次立法确认新的权利都是新的风险之源。大家如果够细心的话，可以去看公检法三机关的解释，多达一两千条，但对"核实"应该如何理解，全都不置一词，不约而同地采取了回避的态度。所以，如果没有实施性规则，律师很容易踩到雷区，以至于实践中大家都不敢轻易使用这一权利。这样一来，这个权利不就虚置了吗？但实际上这个权利可不可以用呢？当然可以，大家注意到没有，在薄熙来案件的公开审判中，薄熙来的辩护意见一点都不比辩护律师逊色，有的地方甚至还要更为精彩，而且在法庭上薄熙来反应特别快，法庭上说到什么，他就能迅速翻到相应的内容，作出精彩的回应。薄熙来对徐明的 20 个发问也可以说是法庭发问的经典案例。这说明了什么？说明他肯定提前就看到了全部卷宗，并且仔细做了摘录和准备，在这样的高官案件中，被告人的阅卷权是得到了保障的，并且也没有出现什么控制不了的后果，所以，允许律师向被告人展示全部卷宗是完全可以的。这个一定要脱敏，让这个权利真正落到实处。

第二点，权利性条款无救济。我们经常说，没有救济就没有权利，但我们的很多诉讼权利就是没有救济途径。举个例子，会见权，即便被侵犯了律师也没有任何有效办法加以救济。有的律师在辩护词里以侵犯会见权为由申请排除在这段时间里所有侦查获取的口供，其实是没有法律依据的。西方的非法证据排除规则先后经历了以真实性、合法性和程序违法性作为排除基础的三个阶段，而我国实际上还处在第一个阶段，立法上虽然也承认部分合法性标准的排除，但实际上，如果这种非法证据没有影响到证据的真实性，法官也是不会重视的，在这种背景下，仅仅以违反程序法的规定作为排除非法证据的依据，至少在目前这个阶段还不太现实。那对于公安机关侵犯会见权的行为提起司法审查可不可以呢？浙江普陀公安分局曾经有一个案子，某律师接受一起职务侵占罪案件当事人的委托，去看守所会见犯罪嫌疑人，但看守所却以此案曾经聘请过律师会见为由拒绝安排。律师一气之下，就一纸诉状告到了法院，但是我们国家对于侦查机关在侦查阶段所作的所有决定，都不得作为行政诉讼加以受理，因此，律师是无法通过这种方式申请法院救济的。正是因为很多诉讼权利没有诉讼内救济的渠道，导致我们很多律师只能到北京永定门外，和上访队伍一起排队，把自己视为上访人员，希望自己的材料能被最高人民法院的书记员接过去。在美国流传着这样一个经典的笑话，西红柿到底属于水果还是蔬菜，不是由植物学家说了算，而是由最高法院判决说了算。西方很多社会问题最终都可以转化为法律问题，而中国几乎所有法律问题最终都会转化为社会问题。归根结底，就是因为权利型条款无救济。

再看第三点，义务性条款无制裁。我们都知道，2012 年《刑事诉讼法》增加了一个重要的制度，庭前会议。庭前会议律师是一定要到场的，但是被告人是否到场法律并没有强行要求。法条

是怎么规定的呢？"庭前会议，可以通知被告人到场。"大家注意
到没有？"可以通知"。当时我看到这个条文的时候，第一个反应
就是有问题，然后就指导我的研究生写了一篇文章，让她研究一
下这里的"可以"。她一直没有弄懂我的意思，不知道如何下手。
我就引导她思考：如果法律规定"可以通知"，那法院不通知会
不会有问题？如果法院没通知的话，被告人没有到场，那律师能
不能在庭前会议上代为承认相关证据？万一代为承认了，被告人
不认账怎么办？所以你看，庭前会议的诉讼功能，由于"可以通
知"这几个字可能又被架空了。本来就为节约诉讼资源，才把所
有程序问题尽量放在庭前解决，但是，由于可通知、可不通知，
导致被告人在不知情的情况之下，对庭前会议形成的决定都不认
账，法庭上又开始翻供，或者解聘律师，这不又浪费了司法资源
吗？所以，问题的要害在于，"通知"前面可不可以加"可以"两
个字。要知道，被告人是否出庭不应基于法院的裁量，而应基于
被告人自己的决定，"可以"是被告人程序选择权的体现，而"通
知"却是法院告知义务的体现。这是两码事，被告人可以选择出
不出庭，但法院绝不能选择是否告知，告知义务是不能裁量的，
否则还叫什么义务呢？能够放弃的只能是权利啊。但我们似乎从
来没有听说过法院有所谓的告知权利吧？所以，"通知"前绝对不
可以加"可以"。告知义务保障的是被告人的知情权，如果"通
知"前面是"可以"的话，也就意味着知情权保障不了，那后面
所有的权利都将形同虚设。所以我的观点是，告知义务绝对不可
裁量，法院必须通知被告人，然后由被告人自己选择参加还是不

参加。可我们的法条却混淆了权利的性质，错把义务性条款定位为权利性条款，这都是立法逻辑结构本身的问题。所以，我们的立法技术还有待提高，否则很多制度改革仍将形同虚设。

程序权利的异化

有人说，刑诉法的历史其实就是权利不断拓展的历史，但是，权利不断拓展又怎样呢？接下来，我想为各位分析一下，在中国的制度环境之下，那些业已在法律中确立的权利是如何被异化和规避的。这种异化可以大致分为以下几种类型：

第一种类型，权利异化成权力。也就是 right 异化为 power。大家会觉得汉语挺奇怪的，权利和权力这两个完全不同的事物居然发音一模一样。这一点很有意思。人类社会是先有语言，后有文字，所以，语音最能代表一个民族的思维方式。在我们的语音系统里，对 right 和 power 是没有做区分的，只有一个音，我有一个假设，不知道语言学家会不会同意，这说明我们传统上是没有权利观念的。可英美就不一样，在语音上就区分了 power 和 right，然后造了两个不同的词，所以，权利观念最早还是来自西方。在我们的刑事司法中，权利是怎么异化成 power 的呢？我给大家举个例子。比如，最典型的就是申请进行精神病鉴定的权利，在我国几乎已经演变为法院的拒绝权。法院拒绝后，申请人没有任何的办法救济。这种申请权意义何在呢？大家如果感兴趣，可以上网搜索一下我的另一篇演讲《精神病辩护的困境》，讲的就是申请鉴定权是如何演变为被拒绝权的。因为时间关系我就不展开了。

第二种类型，权利异化为义务。举个例子，律师在场权。我们现在还没有确定律师在场权，但学界和律师界的确曾经非常认真地探讨过这个问题。让很多研究者感到大为不解的是，本来这是一项拓展律师权利的改革建议，但却遭到了律师界的普遍反对。大家有没有觉得很惊讶？因为学者都是在纸面上进行逻辑推演，根本不知道真实世界的逻辑。其实没有人对抽象的权利感兴趣，律师考虑的是，能不能通过这项权利实现自己的利益。比如，确立羁押必要性审查制度可以转化为律师在侦查阶段的工作内容，并进而可以增加自己的收费理由和项目，这个权利就是律师愿意积极争取的权利；反之，如果一项权利不能给自己带来利益，而只会给自己带来义务和责任的话，即便权利的享有者恐怕也不会积极争取。我们可以对这里的逻辑做一个简单的梳理。大家都知道，警察特别喜欢"零点行动"，公权力经常加夜班，白天不抓人，专挑晚上动手。如果深夜抓获嫌疑人，一般讯问也就在凌晨进行了。请问大家，如果我们保障讯问时的律师在场权的话，这个时候打电话给你，你是去呢，还是不去呢？如果第一次讯问持续几个小时，又开始第二次讯问，你是回去呢，还是一直在看守所里接着等呢？如果是接受外地委托，每次讯问通知你到场，你到底是打飞的去呢还是不去呢？而且即便要去，时间上来得及吗？你看看，问题没有那么简单吧？有人说，那西方怎么就可以呢？西方之所以规定了律师在场权，是因为首先规定了不得夜间讯问，不得夜间逮捕，不得夜间搜查。对于有钱人而言，风能进雨能进，国王不能进，院落就是他的屏障，而对于没钱的人而言，也不用害怕，只要夜色降临，公权力就不得活动，全世界都是他的屏障。而我们公权力似乎特别倾向于夜间活动，在讯问的时间和地点都不受限制的情况下，直接移植律师在场权，律师当然不会支持了。没有这个权利的时候还好，一旦有了这个权利，当事人家属就会要求你在场，否则就可以去投诉你，你说这到底是律师的权利，还是已经异化成了一种义务？很多律师在访谈时都表示支持律师在场权，但是一旦当我说明了这一层关系之后，很多资深律师当场就改变了立场。所以，只有当权利可以变成利益的时候，律师才会去积极争取，但如果权利变成了义务和负担的时候，是没有人去争取这个权利的。所以，大家一定要注意这里的权利结构问题，当我们在争取一项针对司法机关的诉讼权利的时候，也要谨防在另一层法律关系中，它会异化为我们对于当事人的义务。这样的权利斗争，恐怕律师和学者是不会形成合力的，即便将来被立法确认下来，也注定会被规避。

那在什么情况下才可以建立起律师在场权并能得到很好的贯彻呢？当然就是把权利变成利益而不是负担的时候。比如在执业两年以内的青年律师中建立值班律师制度，本来这些律师就没有什么案源，如果政府能出资购买这些律师的法律服务，每天在看守所轮流值班，按照顺序接受犯罪嫌疑人的咨询和委托，同时担任讯问时在场监督的律师，并从政府专项基金里支取报酬，权利就转变成了利益，这项权利就能够落到实处，而不会被主动规避，各方都会受益。法律援助也是一样啊，我们现在非要把法律援助变成律师个人慈善，权利一旦变成律师的负担，质量当然无法得到提高。其实，还是我们骨子里的传统观念没有转变过来，法律援助不是律师慈善，而是国家对一个人发动刑事追诉之后的一种附随义务，应该由政府出资购买律师的法律服务，而不应该把一个制度的运转完全建立在律师的崇高道德素质之上。只有当司法改革所拓展的程序权利全部能够转变成程序利益的时候，这项改革才能得到更为持久的推动力和落到实处的改革动力。

　　同样的道理，如果权利主体发生了异化，也无法在真实世界里得到贯彻。比如，我们一直在争取解决会见权的问题，但一直没有深入思考过会见权究竟应该是谁的权利。就好像阅卷权究竟本质上是源于被告人的知情权还是律师固有的权利一样，究竟是律师有权会见嫌疑人，还是嫌疑人有权要求律师来会见？现在我们片面地理解为会见权的主体是律师，只有律师才有权要求会见嫌疑人，结果嫌疑人要求律师会见的权利就被忽视了。这个权利的主体其实应该是嫌疑人，或者至少应该是双重权利主体，这样可以解决很多实践中困惑已久的操作问题。比如，嫌疑人要求会见律师，但看守所不予转交，说律师没有提出这个要求，这算不算对会见权的侵犯呢？如果不把权利主体搞清楚，会见权不就形同虚设了吗？

法律实施的成本

　　大家看过《权利的成本：为什么自由依赖于税》吗？这本书的作者桑斯坦在美国非常有名，一点也不亚于波斯纳。这本书非常经典，因为他提出了一个非常重要的命题——自由是依赖于税收的，权利是有成本的。大家可能会觉得，这不是常识吗？对，这句话可能是常识，但从这个常识推导出的结论可就振聋发聩了。"权利是有成本的"这句看似平常的话可以推出什么结论呢？大家要知道，在西方，自由主义知识分子对这本书非常痛恨，就是因为这本书挑战了他们的基本底线。按照自由主义的立场，政府对社会和个人应该干涉得越少越好，但这本书恰好得出了截然相反的观点。著名学者伯林曾把自由区分为积极自由和消极自由。所谓积极自由是指有权做什么的自由，所谓消极自由是指有免于被如何的自由，比如公民有免于恐惧、免于饥饿、免于被非法搜查和扣押的权利，这些就是消极自由。积极自由需要政府积极作为才能实现，因而需要成本，比如要想保障公民有某种权利，就必须有一些基本的制度设置，而消极自由则只要政府不作为就能得到保障。但是消极自由有没有成本呢？在自由主义看来，消极自由是没有成本的，政府只要不作为就可以了，而不作为是不需要成本的。可桑斯坦却通过这本著作得出一个结论：消极自由也需要成本，因此，政府干涉得越多越好。你看，他的理论前提是：所有权利都有成本。最后的结论是：所以政府干涉得越多越好。

难怪自由主义知识分子对这本书如此反感了。

桑斯坦

　　回到中国来，任何权利的保障都是需要成本和资源投入的，包括被免于错误定罪的权利。我们举佘祥林案为例。90 年代中期，湖北京山发现一名女尸，警方怀疑死者是失踪的张在玉，因此，她丈夫佘祥林自然就因有杀人动机而被锁定为犯罪嫌疑人。在确认死者身份的尸体辨认环节，程序进行得非常草率。后来，因为案件证据存在疑点，佘祥林没有被判处死刑，而是被京山县法院判处 15 年有期徒刑，执行到第 11 年的时候，万万没有想到的是，"死者"张在玉居然从山东回来了。当张在玉回到自己家里的时候，家人的第一反应居然是：见鬼了！在当初辨认尸体的时候，还没见到就急忙相认，但真人回来了，却又不敢相认。所以，这个案件之所以酿成冤案，最大的错误就出现在尸体辨认环

节。如果当初能对尸体进行 DNA 鉴定，确定是不是张在玉，这个
冤案其实是可以避免的。因此，很多网友批评京山县检察院、法
院证据把关不严。站在现在的司法条件下我们当然可以作出这种
指责，但是，司法公正的实现都是有制约条件的。2010 年，我和
田文昌、陈瑞华老师到美国，专门考察了美国无辜者工程项目，
发现美国直到 2003 年才能做到每个人都进行 DNA 检测。中国的
佘祥林案件是发生在 1996 年，我国直到 1989 年才首次使用 DNA
进行实际断案，而即便在今天，刑事鉴定使用 DNA 手段的也不到
10%，更何况是在 1996 年。另外，十多年前做一次 DNA 鉴定的费
用是两万多元，但当时两万元是个什么概念？我还记得，1998 年
左右我入党，当时党组织找我谈话的主题就是让我谈谈对社会上
流行的万元户现象怎么评价，可见当时社会的整体经济状况。在
这种背景下，两万元鉴定费的确不是个小数字，一个县一级的公
安机关，怎么可能每起类似案件都跑这么远、花这么多钱做鉴定？
它当然宁愿相信自己的直觉和情理。所以错案的发生有很多原因，
物质制约条件是其中非常重要的一个因素。

我们现在也经常说刑讯逼供的问题，我们也可以分析一下为
什么《刑事诉讼法》里"严禁刑讯逼供"的规定总是被规避。我
国刑事案件现场勘查率只有 30%，也就是说有 70% 的案件现场没
有物证佐证，而且现场指纹提取率甚至不足 10%。在物证如此缺
乏的情况下，刑事诉讼对口供的依赖几乎是必然的结果，这种侦
查技术水平的落后必然会加剧刑讯逼供的现象。后来我们实行同
步录音录像制度，来保证讯问的合法性，但是这个制度投入更大。

每一套录音录像设备都要花几十万，结果现在刑讯逼供的确得到了一定的遏制，但纪委阶段的刑讯逼供，以及看守所之外的刑讯逼供仍然无法得到有效的解决。权利的实现的确是需要成本的。

再比如申诉。有一次开辩护论坛，我旁边正好坐了一位著名律师，我就问她，在她们当地打黑期间，有很多案件可能都是冤案，据我所知，后来这些案子的当事人纷纷提起了申诉，不知道法院受理情况如何。她告诉我，截止到当时为止，法院一起申诉都没有立案。我问为什么，她说："如果全部立案，就等于要全面平反，你算没算过，这样一来，可能要产生多少国家赔偿的支出？"申诉权利的保障是一件非常简单的事情，在学者嘴里就是一个口号，但在司法机关眼里，就是实实在在的成本。这让我联想到，西南某省的国家赔偿基金多少年来一分未动，这说明了什么？只有两个可能：第一，多年以来该省没有发生过任何一起冤案；第二，多年以来该省发生的冤案一件都没有平反。大家相信是哪种？答案是显然的。

除了有形的物质投入以外，还有无形的时间成本投入。即便将来物证收集和鉴定水平发达了，也没有警察愿意天天收集物证。就算中国能够像美国康州那样建立一个几千万的鉴定中心，中国也不会出现更多的李昌钰，因为还有一个时间成本的问题。靠物证办案太麻烦，物证最多只能证明犯罪客观要件中的一个小的方面，但相比之下，口供却可以包括犯罪构成的全部四个要件，警察当然喜欢用口供了。在这样的诉讼成本比较之下刑讯逼供怎么可能根除呢？就连报纸上正面宣传的先进警察的光荣事迹中都可以看出刑讯逼供的蛛丝马迹，比如我们会看到这样的典型事迹：经过一个月的努力奋战，四·二六爆炸案终于告破，为了讯问犯罪嫌疑人，张警官四天四夜没有合眼，（笑）……警察四天四夜都没合眼，那嫌疑人睡了没有？关键是警察可以两班倒，换人继续讯问，嫌疑人只能一班倒，一直疲劳审讯，这不是摆明了在进行疲劳审讯吗？

在中国非法证据排除第一案——浙江宁波鄞州区章国锡受贿一案中，辩护人强烈要求检察官当庭播放 42 盘讯问过程的同步录像带，这是法律规定的权利，是可以实现的，但法庭和检察官的考虑因素，绝不是权利应该怎样实现，而是看权利实现了会怎样。我们都知道，基层法院的法官一年要审 200 多个案件，几乎平均一天多就要审一个案子，而且除了开庭，还要阅卷，还要撰写审结报告，判决书，有的案子还要上审委会汇报，这么有限的审理期限，连续播放 42 盘录像带，法官当然会本能地有抵触心理。还有，贵阳小河案启动非法证据排除规则，法庭仅仅审理警察有没有打人就花了 7 天时间，你会发现这个时间成本有多高。如果我们不能很好地设计刑事案件的繁简分流体系，期待所有案件都能在排非程序上花费这么长的时间，是非常不现实的。

进步太快也是退步

关于这次《刑事诉讼法》修改是进步还是退步，主要有三种观点：第一种观点比较乐观，认为这次修改在尊重和保障人权方面取得了巨大的进步。其理论依据是：评价进步与否的标准是要和我们之前的规定比较，而不是和国外的现状进行比较。和过去比是进步与否，和国外比是同步与否。1996 年修改《刑事诉讼法》的时候，我们的立法指导思想是接轨，研究和修改法律眼睛都一直瞄着西方，结果导致水土不服。用一个比喻来形容，我们过去就像唐僧一样，逢人就说"我要去西天取经"。但是，终于有一天我们开始醒悟，开始告诉别人"我自东土大唐而来"。尽管——还是唐僧。（笑）大家都知道，这次修改《刑事诉讼法》已经不再盲目强调和西方接轨，而是直面中国自己的问题，从我们的法律实践和法律试点中提炼出了一些非常成功的改革做法，并正式写入《刑事诉讼法》，比如专门设立了一编特别程序，将刑事和解、附条件不起诉等基层司法中总结出的中国经验转化为法律制度。这种立法思路的转变，当然是个不小的进步。

第二种观点认为本次修改《刑事诉讼法》是退步。有学者认为，这次修改有进步，也有退步，但总体上还是退步的，要客观和辩证地看待。对这种说法应该怎么评价呢？清华大学的易延友教授有一个很形象的说法，他说，如果一部法律的修改有进步、也有退步，我们能说总体上是进步的吗？他的观点是否定的。他说，如果把法律修改看作是一场整容手术的话，一个女孩进了整容医院，整容后，单眼皮变成了双眼皮，但是鼻梁却被整得更塌了，请问，这次整容手术有成功之处，也有失败之处，我们能说从总体上说手术仍然是成功的吗？当然不！只要其中一个部分整容失败，整个整容就是失败的。所以，易教授认为，不能分开看，只有整体进步才叫进步。

第三种观点，也是微博上比较激进的观点，也是最为悲观的观点，有人认为，"这次修改《刑事诉讼法》进步处——如小脚老太，退步处——如奸夫狂奔"。（大笑）持这种观点的学者和律师多数都对《刑事诉讼法》第73条规定的指定监视居住非常不满。这一条款将当年没有住处才可以指定监视居住，变成了有住处也可以指定监视居住，因此被认为是一个巨大的倒退。有人甚至放言，一旦第73条通过，中国就将沦为奥威尔笔下的《1984》和《动物庄园》，变成一个警察国家。人这一辈子有两个坎，73岁和84岁，这两个年纪身体都很容易出现问题，所以慕容雪村曾在微博上引用老百姓的一句俗语，来形容第73条对人权的侵犯，"七十三、八十四，阎王不请自己去"。（笑）再比如，这次修改《刑事诉讼法》，把1996年的主要证据复印件主义又改回到1979年的全卷移送主义，这是整部修正案中重新回到1979年规定的唯一一个条文，因而被认为是一个巨大的倒退。

到底我们应该怎么评价这三种观点呢？我的总体观点是，在立法层面上，这次修改有很多进步，但是在实践层面上，很可能因为程序失灵的原因而导致法律被规避，从而带来实践状况的退步。

为什么我认为很多地方其实是进步了，但大家感觉仍然是退步呢？我想，造成这一印象的原因是这次修改《刑事诉讼法》进步得还不够快。举个例子，我有一个房子，本来可以收5000元钱租金，结果只收了2000，因此损失了3000，这其实不是损失，毕竟还是赚了2000，但由于没有赚到应该赚到的钱，和自己的期望值有差距，因此我们认为仍然是亏了。同样的道理，政府未必真的是在退步，而是社会进步得太快，政府的进步跟不上社会的进步而已。我觉得这应该是对现状的一个比较公允的评价。所以，我们觉得，改良和革命在赛跑时，一旦两者关系错位，就很危险。具体到《刑事诉讼法》，比如，很多律师期待这次《刑事诉讼法》修改能够增加律师在场权的规定。这是一个非常高的期待，《刑事诉讼法》也确实比过去进步了，我们把律师介入侦查阶段的时间从"犯罪嫌疑人被第一次讯问后或者是采取强制措施之日起"，改成了"被第一次讯问或者是采取强制措施之日起"，把"后"字删除了，这一字之改等于在"第一次讯问"的时候，律师是可以在场的，至少理论上是这样的。这种立法文字的变化就为将来相关制度的改革留下了制度空间，就不至于存在改革障碍。但是，律师群体仍然不满意，因为他们期待的规定更为超前，很多律师建议，能不能增加规定，在律师不在场情形下侦查机关取得的证据一律无效，应予排除。这个设想是不是有些太超前了？只要和你的期望值有差距，就觉得法律在退步，这种观点我不太苟同。

所以，我认为，这次修改在立法层面上，与过去相比的确是进步了，但大家之所以如此猛烈地抨击新《刑事诉讼法》，主要还是基于对法律在实践中异化现象的担心。那么，立法中的规定究竟为什么会发生异化现象？可能立法层面很多进步太过超前，以至于无法贯彻落实，也是退步的原因之一。换句话说，进步得

太快其实也是一种退步。比如《律师法》和——高铁。（笑）高
铁的任务是安全第一，兼顾速度，就像刑事司法应该公正至上，
兼顾效率一样。高铁跑那么快，不是出事了吗？2007年司法部修
订的《律师法》取得了很多大的突破，比如三证无障碍会见，比
如可以阅览全部案卷材料，这些权利的拓展在实践中落实得究竟
怎么样呢？我们举两个例子：第一，《律师法》把阅卷范围从"诉
讼文书及技术性鉴定材料"拓展到"所有材料"，司法部袒护律
师的心态有目共睹，但如此全面的阅卷范围，公检法能同意吗？
所以这一规定在实践中被大量搁置和规避。后来有些地方的公安
机关，在《律师法》颁布以后，又不好公开说不执行，所以，就
改为反复声明"我们坚决贯彻《刑事诉讼法》"，（笑）潜台词是
"我们坚决排斥《律师法》"！这次规避就是因为前进得太快的缘
故。第二，《律师法》规定，律师会见在押犯罪嫌疑人时，不被监
听。这一规定在实践中又贯彻得如何呢？大家都知道，重庆检察
院起诉李庄有一个重要的内容就是，李庄在会见龚刚模的时候，
曾用眨眼的方式暗示龚刚模举报有警察打他，眨眼明显就是暗示
其做伪证，所以就认为李庄在教唆证人作伪证。这是人类历史上
用时最短的犯罪，（笑）从犯罪预备到犯罪既遂，总共才需要零
点零几秒。（笑）大家知道为什么律师会见时需要用眨眼的方式
来暗示吗？很简单，因为我们法律有个规定：律师在会见嫌疑人
的时候，侦查机关可以派员在场。凡是义务型条款，都容易受到
限缩解释，而凡是权利型条款都容易受到扩张解释。所以，"可
以"在实践中几乎演化为全部派员在场。既然警察在场监督，龚

刚模怎么敢向律师反映自己受到刑讯逼供的真实情况。我们的《律师法》把这一条改成了律师会见嫌疑人的时候"不被监听"。大家注意《律师法》修改的时候，《刑事诉讼法》还没有修改，所以关于会见的问题，其实是存在相互矛盾的规定的。在前不久一起著名案件的代理过程中，某位著名律师去会见嫌疑人时，就以《律师法》这一规定为依据让警察离开会见现场，《律师法》规定不被监听，那个警察拒绝离开，还说了一句："我听不见。"（大笑）在一次刑诉年会上，甚至发生了这样一幕：一位来自公安部的博士认为，学者和律师都片面和错误地理解了《律师法》中"不被监听"的条款，他认为警察仍然有权在场监督，因为这里的"不被监听"是指不得用机器监听，但不排除用人耳监听。（大笑）所以，我认为，法律修改的进步太快，由于司法体制和执法观念的落后，这种进步也很可能最后沦为一种实践层面的退步，也就是我们所说的规避问题。

我们曾经有一段时间，不论是立法还是学术研究，都追求和国际接轨，但实际上，不顾国情地片面移植个别制度，只能产生一种排斥效应。西南民族大学的周洪波教授有一句话讲得非常好，他说，盲目地追求和西方接轨，很可能只会带来表面上的理论一致，实际上却是司法后果的重大差异。今天再看这句话，对我们是个非常重要的提醒。

法律规避与法律多元?

讲到这里，我们可以归纳一下，对于这些程序失灵的现象，我们究竟应该如何看待和解读? 程序失灵究竟是好事还是坏事?

苏力教授曾经写过一篇文章《法律规避和法律多元》，他认为，在私法领域的民间私了这种对制定法的规避实际上是在另一个层面承认了制定法的权威。规避正式的法律一定是因为法律实施成本太高，所以才绕开正式法律而选择成本更低的纠纷解决方式，因此这种法律规避就会形成多元化的纠纷解决机制。所以，在私法领域中，法律规避就会形成法律多元，因此似乎是个好事儿。但是，在公法领域，逻辑是截然不同的，规避法律不但不会带来法律多元，反而会催生大量潜规则，规则会因此而被束之高阁。

按规则还是按潜规则治理社会，犯罪含义也不尽相同。在按规则治理的社会中，违反规则就是犯罪，但在一个按潜规则治理的社会里，违反了潜规则才是犯罪。比如，如果是一个规则社会，收了钱就构成受贿，但在潜规则社会，拿钱不办事，才可能会被追究。这样一来，整个社会就不再追求正义，而是追求一种叫作次正义的东西——拿了钱要办事，要懂"江湖规矩"。整个社会评价标准都紊乱了，而规则层面的犯罪依然存在，在这两者之间的张力就会形成选择性执法、看人下菜的现象，搞谁不搞谁，看心情；搞谁不搞谁，看政治；搞谁不搞谁，看法律以外的其他所有因素。这就形成了一种恶性循环，潜规则越来越被重视，人际关系越来越重要，而规则却越来越被忽视。在潜规则社会里，没有犯罪，只有得罪，以潜规则立案，以规则处罚。所谓公法领域里对规则的规避，百害而无一利，我们需要规避对规则的规避。

林林总总讲了很多造成当下程序法失灵的原因，由于时间关系，很多还是没有来得及展开。任何一个国家的程序法发达，都是一个漫长的历史过程，除了以上说的技术因素之外，也许，内心抱有对规则的尊重，对于程序法的有效实施也是非常重要，甚至是更为重要的。伯尔曼曾说，法律不被信仰，将形同虚设。而我想说的是，宗教不被信仰，法律将形同虚设。今天的讲座就到这里，谢谢各位。（鼓掌）

互动问答

提问 1：您在讲座里提到学者的角色应该是解释而不是批判，但是，知识分子难道不应该是社会的牛虻，做永远的异议者吗？

答：陈瑞华教授有一个比喻非常妙，他说，学者的角色应该是什么？如果有个病人被抬到救护室里，医生的责任是马上开始化验、研究病情并开始治疗，还是立马走到马路上拉出横幅："本医生强烈谴责病毒"？（大笑）学者和医生的工作其实非常类似，都是给病人和社会找出病因，开出药方，他不能也不应把精力花在谴责病毒这样的价值判断上，学者和公众知识分子的职责毕竟是不一样的。很多同学学了《刑事诉讼法》之后，一定有这样的感受，走出教室以后我们就只记得八个字"公平正义、保障人权"，跟学习法律之前没有什么本质的不同，唯一的区别可能就是——更加愤怒了！（笑）所以刑诉法是培养愤青的一个学科，而刑法是培养学者的一个学科，我建议大家还是把精力放在对因果关系的解释上，而不是对立法和实践任何一种逻辑的简单批判之上。有人问，陈老师，你是学刑诉的，你怎么不是愤青？我的答案很简单，程序法讲理念，实体法讲理论，程序法重宏大叙事，实体法重条分缕析，程序法培养愤青，实体法培养法律人。我没成为愤青，是兴趣广泛所致。请大家不要陷入愤青的逻辑，要用记者的客观去观察，更要以学者的理性去分析，法律人不该用感叹号去生活。

另外，学者也不要对自己的作用过于自负。无论你是否承认，世界的进步往往是由小人和坏事推动的。恩格斯当年讲过一句话，说世界的进步就是靠三样东西：恶，恶，恶。有时候，事情只有触底才能反弹。学者不要以为是自己的呼吁推动了世界的进步，这是一种致命的自负，其实，历史的真相往往是小人开道，学者鸣锣而已。从这个意义上来说，我们也许就更能了解狄更斯的那句看似矛盾的话：这是最坏的时代，这是最好的时代。因为触底，所以是最坏的时代，因为会反弹，所以可能又会是最好的时代，关键是一个社会有没有提供这种转化的机制。

提问 2： 陈老师，美国法律也不允许刑讯逼供，但事实上也无法禁绝，您觉得这是不是程序失灵呢，如果是的话，和我国的程序失灵又有什么区别？

答： 有人曾经跟我说，美国也有刑讯逼供啊，为什么你们总是批评中国？的确，有些问题是全球性的问题，但也存在程度的差别。有人把美国法律形容为 EXE 文件，把中国法律形容为 TXT 文件，什么意思？EXE 是可执行文件，而 TXT 是只读文件。我们的程序法律，因为没有最后的制裁条款，违背了也没有任何法律效果，所以，只是看上去很美。因此，非常普遍的刑讯逼供最后导致两个结果：第一，在法庭上凡是涉及刑讯逼供的，法院都不予调查。比如，在杜培武案审理中，杜培武在法庭上突然把衣服掀开，掏出一件血衣，以证明自己被刑讯逼供，但是法官却要求杜培武不要再继续纠缠，否则就会从重处罚。第二，法官虽然启动调查，但仅仅要求控方提供情况说明，警察只要说明自己没有刑讯逼供，就算履行了证明责任。天底下还有比这更可笑的逻辑吗？有一次，我在检察院讲课，我说："我有句话，说了你们可能不爽，但是不说我又不爽，最后我决定，让自己爽。"（笑）第一，我们在法庭上，可以强迫被告人自证有罪，被告人没有沉默权；第二，在非法证据排除程序中，竟然允许警察自证无罪。而理想的法治社会应该刚好相反才对，既不允许强迫被告人自证有罪，也不允许警察自证无罪。所以，尽管中美两国在刑讯逼供问题上的表象一样，但有程度的差别，更有结构性的不同。

提问3：陈老师，理论和实践有不同的逻辑，两者之间永远是两张皮，所以，我觉得不但存在这种规则和实践之间背离的程序失灵现象，还有一种理论和实践背离的理论失灵现象，这应该是一种不以人的意志为转移的无奈吧？

答：在我看来，中国法律分四个层次，第一个层次是理论，是很多大学者研究的对象；第二个层次是规则，是通过司法考试的同学研究的法律层次；第三个层次是实践，是法律实务工作者研究的法律层次；第四个层次是胡搞，（笑声）是中国个别法律工作者的研究层次。我们发现，以规则层面为中心，上可以提升为理论，下可以指导实践，但在胡搞这个层次上，既无法上升为规则，也无法上升为理论，最终只会将法治的基础破坏殆尽。所以，我不认为理论和实践注定是一种背离的关系，更多时候，其实不是理论无法指导实践，而是理论无法指导胡搞。我们要区分清楚实践和胡搞的差别。（笑声、鼓掌）

推荐阅读

1. 陈瑞华：《刑事诉讼的中国模式》，法律出版社 2008 年版，第八章"刑事程序失灵问题的初步研究"。
2. ［美］史蒂芬·霍尔姆斯、卡斯·桑斯坦：《权利的成本：为什么自由依赖于税》，毕竞悦译，北京大学出版社 2004 年版。
3. ［美］黄宗智：《经验与理论：中国社会、经济与法律的实践历史研究》，中国人民大学出版社 2007 年版。

06 庭审实质化的改革背景与动力

演讲地点：浙江厚启律师事务所

演讲时间：2017年1月7日

道德源于计算。

——［俄］普列汉诺夫

谢谢厚启所胡瑞江主任的盛情邀请和组织，大家在一起来探讨庭审实质化的问题，我觉得特别及时，也很有意义。刚才几位律师朋友聊得特别好，我想接着谈谈这次庭审实质化改革的背景和动力的问题。

第一点，我认为，弥散化的事实审理结构是这次庭审实质化改革的背景。

大家都知道，我国1979年的《刑事诉讼法》规定检察院起诉的时候要全卷移送，但这样很容易导致法官预断，所以在1996年修改《刑事诉讼法》的时候改成了主要证据复印件主义，不能移送全卷了，只能移送部分内容，但是2012年第二次修改《刑事诉讼法》，又重新改为了全卷移送主义。整个修正案唯独这一个地方走了老路，一定是迫不得已的，一定是存在着某种强大的逻辑逼着这个卷宗移送制度必须改回来的。但这个深层结构到底是什么，和我们今天的庭审实质化改革有没有内在的联系，这个问题非常值得大家思考。每次重大法律改革，北京的学者都是"春江水暖鸭先知"，理论嗅觉都非常敏锐。比如，北京大学的陈瑞华教授早在庭审实质化改革之前，就在《中外法学》上发表过一篇文章《彻底的事实审》，不知道大家能不能感觉得出来这和庭审实质化改革的内在关联。在我看来，其实，这次改革的目的，就是为了把一审改造成彻底的事实审。

怎么理解这句话？我们都知道，美国的审级制度是一个金字塔型的结构，基层法院审理事实问题，到了上诉法院则只审法律不审事实，而到了联邦最高法院就更是不太关注事实问题了，不论这个案件标的有多大，也不论当事人冤屈有多深，联邦最高法院关心的主要是这个案子是否能够产生对全国的统一示范效应。所以每年有几千起案件上诉到联邦最高法院，但最高法院只会通过调卷令选择其中几百起案件加以审理，并作为判例颁行全国。所以，在这样的一个审级结构之下，事实审理的任务在基层几乎就全部完成了。

相比较而言，我们国家正好呈现出另外一种截然不同的审级特征。如果非要用一个词来加以概括的话，我们可以暂且把它称作"弥散化"的事实审理模式，也就是说，每一级法院都要审理事实问题，连最高人民法院也不例外。这种弥散化的事实审理模式是不是可以保证我们事实审理的质量呢？恰恰相反，正是因为每一级法院都要受理事实问题的上诉，导致每一级法院的事实审其实都不彻底。这种叠床架屋的事实上诉其实和事实审的质量形成了一种恶性因果循环：一审既然事实没有查清，就二审再查一次，二审事实还没有查清，那就用死刑复核和再审程序再查一遍，很多案子到了最高人民法院还要不停地查明事实。所以，从功能区分的角度来看，如果说美国实行的是金字塔型的审级结构，中国实行的就是一个水桶型的审级结构，上下一般粗，功能上没有什么区别。

有人可能会问，美国这种制度，把大量的事实审压在基层法院，上诉法院只负责法律审理，就不怕事实审理出问题吗？当然会有这种问题，但总体而言，他们对自己的事实审理的质量是非常放心的。为什么？就是因为一审严格贯彻了传闻证据规则和直接言词原则。所有证人都必须亲自出庭，一切证言都要尽量以言词的方式提交法庭，都做到这样了，即便二审重来一次，也只能如此了。而且这种制度必然无法反复审理事实问题，因为证人不可能反复出庭作证，而且通过交叉询问查清的事实问题不可能通过卷宗材料的方式让二审法院进行书面秘密审理，你只能选择信任一审的事实结论。况且，很多案件还是陪审团作出裁定的，就更加无法加以推翻，种种制度都保障了事实认定结论的正当性和可靠性。

正因如此，英美法系在历史上上诉审是非常不发达的，达马斯卡教授在他的经典著作《司法和国家权力的多种面孔》一书中甚至认为，英美法系在历史上根本就没有上诉审，事实问题是一次查清的。只不过和我们平常的分析概念不同的是，达马斯卡教授不认为这和当事人主义有什么关系，而是因为英美实行的是一种"平权型审理结构"。什么叫"平权型审理结构"？为了理解这个概念，我们必须了解与之对应的另一个概念："科层制审理结构"。他认为用职权主义和当事人主义很难描述清楚诉讼现象真正的因果关系，必须把视线拓展到诉讼结构之外，去考察一个国家的政治文化对诉讼制度构造的影响。所谓科层制审理结构，就是指层层设置官僚结构，运用上下级监督的方式来保证审理质量的一种结构模式。在这种模式之下，上级既然要监督下级，不可能让证人不断反复出庭作证，因此，只能依靠卷宗进行这种审查和监督，久而久之，这种重在科层之间互相监督的科层制结构就必然导致要有案牍式的文书供上级复查。因此，科层制的国家必然会出现案卷笔录中心的诉讼构造，这是用职权主义的概念模式很难分析到的因果关系。

《司法和国家权力的多种面孔》

现在大家再思考一下中国证人不出庭的问题。如果这种科层制的审级制度不改变，证人出庭问题能够得到真正解决吗？证人不出庭、法庭上宣读证言笔录其实就是这种制度的一种内在的需要，所以，比证人不敢出庭和不愿出庭更难解决的，其实是证人不能出庭——法院和检察院不让证人出庭。而只要证人不出庭，仅靠宣读笔录来进行审理，一审事实审理的质量就必然无法提高。为了纠正一审事实审理的错误，就必然要把事实审理的责任弥散化，每一级法院都负有审理事实问题的义务，越不放心越要设置二审，越不放心越要设置再审，越不放心越要设置死刑复核，每一次都不敢把事实问题拱手让给一审，最担心的司法腐败往往发生在基层，我们怎么敢在中国这种司法环境之下实行彻底的一审事实审呢？

所以你发现，中国不论是学大陆法系职权主义国家，还是学英美法系当事人主义国家，其实根本就不是问题所在，问题是这两者谁都没学好，如果真的能够学到大陆法系国家的优点，中国至少可以保障事实审理的质量，而如果真的学到英美法系国家的优点，至少也可以切实地保障人权！其实，一个国家的诉讼制度更利于保障人权还是发现真相，我觉得都可以称之为先进的诉讼制度，可我们这两个优点都没有学到。所以，与其说新一轮司法改革是为了打击犯罪和保障人权的双赢，倒不如说是为了避免双输。所以，我觉得这种"弥散化的事实审理结构"是这一次庭审实质化改革的大的背景，就是要把一审变为彻底的事实审，才能让将来的审级制度更符合诉讼原理，让最高人民法院真正能够走到案例指导制度的前沿，让最高人民法院真正能够集中精力进行案例指导，它是诉讼的必由之路。所以我希望大家能够放宽视野，不一定非要用大陆法系职权主义国家、英美法系当事人主义国家这些传统的概念框架去思考问题。作为和政治无法割裂的法律制度，跟一个国家科层制这种文官体系模式是有很大关联的。

第二点，我想讲讲这次改革的动力来源问题。

不知道大家发现没有，以审判为中心的庭审实质化改革其实之前早就提过，只不过提法不一样而已。在肖扬任最高人民法院院长一职期间叫"司法至上"，后来又提"以法院为中心"，再到现在的"庭审实质化"，考察司法改革的话语变迁是非常有意思的。大家发现没有，整个过程呈现出从宪法的权力架构回归到程序法技术性问题的话语策略，这说明改革试图寻找公检法共同动力的努力已经宣告失败了。法院至上，怎么可能？以法院为中心，也太刺耳，公安不愿意，检察院没动力，庭审实质化还稍微好一点，不那么刺耳。其实，以某庭审实质化改革试点地区为例，往往只有律师和法院这两个群体有动力，但是公安局好处在哪里呢？警察出庭作证，耽误办案。检察院动力在哪里？证人出庭，增加办案周期和成本。一场没有动力的司法改革，往往会有两个标志：第一，由上层拍板。这一点和实践部门由下而上自动自发的改革不同，那种改革往往动力十足，都是为了解决眼前的实际问题而产生的内生化改革方案，而不是为了贯彻某个理念，符合某种主义。比如，认罪认罚制度改革，就不需要由上而下，而完全可以通过总结地方改革经验的方式来完成全国推广。再比如，1996 年《刑事诉讼法》的简易程序改革其实最早也不是上层拍板的，而是地方上进行的"违法改革"。因为当时法院审理案件的负担太重，必须突破法律框架实行一种简化审理，这就有了后来被法典吸收的简易程序。后来发现，这个改革还是不够彻底，还是不能解决法院系统的案多人少的问题，法院内部又产生了新一轮的改革动力，不等高层统一部署，2003 年又推出一个"违法改革"——普通程序简化审。第二，司法改革往往会从后往前改，呈现出一种逆向推进的状态。既然公安在权力结构中地位比较强势，侦查程序很难改革，那我就暂时不动侦查程序，只改诉讼程序的最末端——最高人民法院的死刑复核，只改法院系统内部的工作机制，连基层法院都不涉及，更不涉及其他机关，改革阻力就小了吧？等死刑复核改革成果固定以后，再利用这个辐射效应，倒逼死刑二审案件公开审理，影响高院，然后进一步倒逼死刑案件一审证据标准改革，去影响中院，最后通过死刑案件证据制度倒逼侦查程序改革。你看，当改革没有动力的时候，就会出现这种倒逼。大家去看一下某庭审实质化试点单位的宣传文件，里面出现最多的一个词就是"倒逼"。这一次改革，既是由上而下，又是从后往前，从一个侧面反映出可能各级各类司法机关动力不足的问题。

第三点，我想在上面的基础上谈谈如何衡量这次庭审实质化改革的效果。

从倒逼的角度来看，有一个指标是至关重要的，就是当庭宣判率！这是最好的倒逼。如果我们推行庭审实质化改革，证人全都到庭了，但是所有案件仍然是隔两个月后再宣判，这种改革的实际效果你会抱有多大期待呢？可如果今后当庭宣判率能够达到100%，我觉得这事就靠谱了。我相信倒逼逻辑，中央拍板只是在没有改革动力的时候启动改革的保障，但是当庭宣判率却可以在没有改革动力的情况下保障改革过程的稳步推进。

那我们应该怎么衡量这次庭审实质化的改革效果呢？又应该如何确定衡量改革成效的指标呢？要回答这个问题，必须先想清楚这次改革的假想敌是什么。如果这个改革的假想敌是上诉率太高了，人们对事实认定不满意，那改革的效果衡量指标就是把上诉率降下来。我们这次改革的目标是上诉率过高吗？恐怕不是。启动改革的原因恐怕是证人出庭率太低、当庭宣判率太低！既然如此，为什么不把证人出庭率和当庭宣判率的提高作为衡量指标呢？所以怎么衡量这次改革，关键看改革的假想敌是什么，我觉得某些试点地区用上诉率的变化来衡量改革成效其实是衡量标准错位的体现。

第四点，我想谈的是一个技术性的细节问题，就是在庭审实质化的背景之下，如何对待证人不出庭的问题。

我不认同对不出庭的证人滥施惩罚，尤其不赞成对不出庭的证人设立藐视法庭罪加以入罪化的对待。我举个简单的例子，同样一个"禁止随地吐痰"的标语，放在日本、我国台湾地区，和放在我们的城市和乡镇，效果能一样吗？我觉得自己多少还算一个比较有修养、讲自律的知识分子，一般的社会公德我还是能遵守的，我就有很多次这样的经历，突然嗓子里冒出了一阵浓痰，我知道不能随地吐痰，于是就忍住了，但这毕竟还是一口痰，而且是浓痰啊！（笑）吞进去很恶心，吐出来又不文明。这个时候如果有医生告诉我，把浓痰咽下去会得癌症，我肯定把它赶紧吐出来。所以，大家注意，一个人的道德感只能在它的边界内起作用。但还好没有这么严重，我就会四处寻找痰盂，能够遵守内心的道德要求。但我走了一千米仍然没有发现任何痰盂，手机里重要电话响了我也不敢接听，大家说这个时候我是吐呢还是咽呢？那如果走两千米、三千米还没有发现痰盂呢？如果我就这样一直找下去，大家觉得我承担道德义务的代价是不是太大了？所以我最终肯定会吐在地上。在这个时候，我的道德不是体现在有没有吐痰这个结果上，而是体现在我宁愿走一千米也不轻易吐痰的过程中。还有，我们经常被教育说不能横穿马路，你以为你是在维护社会公德，可横穿马路发生危险，被撞的是我本人，我才是风险最大承担者啊。可为什么现实生活中会出现那么多宁愿不要性命也要横穿马路的人呢？大家肯定都有类似的生活经验，明明只需要到对面办件小事，可马路中间用栏杆拦了起来，就是无法穿越，不得已只能走一两千米才能找到一个天桥或者地下通道，这个成本太高了。这个时候我肯定会衡量被撞的概率和节省的时间，权衡的结果往往是宁愿横穿马路。所以，我说其实有的时候随地吐痰和横穿马路体现的不是民众道德和素质的问题，而是基础设施建设的问题。我们的社会是不是为遵守道德设置了过高的成本？如果公路上到处都是垃圾桶，随处可见公厕，我想，乱扔垃圾和随地大小便的人不会完全没有，但一定会大大减少。遵循道德的崇高感和遵循道德的成本之间的比例，往往是一个人承担道德义务的边界，这个时候，基础设施和制度建设对激发一个人的道德感就显得尤为关键。所以，回到最初的话题，在庭审实质化改革过程中，有人建议用藐视法庭罪来惩罚证人不出庭的现象，我非常反对。在一个国家没有建立起完善的证人保护制度和证人补偿制度之前，是没有任何理由仅仅以别人不愿作证而对其施加惩罚的。我们可以想象一下，将来如果一个人不幸目睹了一起案件，要么出庭后被被告人家属报复，要么不出庭被检察官指控，那他恐怕只能有一个选择：就是在目睹案情之后立即选择自杀，反正难逃一死嘛。（笑）人人都想要做有道德的人，人人也都想遵守规则，但是，不要让人承担过高的道德成本，更不要在治理社会的时候依靠过于简化的惩罚性思维。我就讲到这里，谢谢大家。

07 有效辩护的中国化

演讲地点：第六届尚权刑辩论坛（中国社科院）

演讲时间：2012年10月21日

对于一个无法获得律师有效帮助的被告人来说，其境况与根本没有律师帮助的当事人一样糟糕。

469 U. S. 387, 105 S. Ct. 830, 83 L. Ed. 2d 821（1985）.

［美］拉费弗等：《刑事诉讼法》（上册），卞建林等译，

中国政法大学出版社 2003 年版，第 661 页。

大家好，这个环节的主题是"规范辩护和有效辩护"。鉴于时间关系，我想围绕有效辩护的话题做一个简短的发言。

其实，有效辩护是一个外来的概念。西方的很多法律思想和法律权利都要经过漫长的历史才能来到东方并被普遍接受，这几乎已经是一个历史规律。1689 年，英国颁布《人权法案》，这是人类历史上第一部人权立法；1789 年，法国颁布《人权宣言》；1889 年，日本颁布《大日本帝国宪法》，由伊藤博文主持起草，第一次将西方的人权概念翻译到日本；1989 年，世界范围内的民主化运动……整个人类发展史，可以说就是一部"西权东渐"的历史。

为什么我国开始在近几年特别强调有效辩护的概念？我认为，主要有以下两个大的背景。

第一，中国的辩护制度正在经历一次转型。日本刑事法学者田口守一教授曾经有过一个著名论断，整个刑事诉讼的发展历史其实无非就是辩护权不断拓展的历史。在人类历史上，辩护权的发展主要经历了以下三个阶段：第一个阶段，从自行辩护到委托辩护。在最早期的时候，法律，尤其是实体法律并不发达，审判主要聚焦于事实问题，法官基本就是一个警察，主要任务就是查明真相，而非适用法律。由于被告人本人最了解事实，因此当时的法律只允许被告人自行辩护，而没有产生委托辩护的内在需求。

后来，随着实体法的不断发展，法律审开始出现，需要专门的法律专家为被告人提供专业法律辩护，委托辩护开始出现并被普遍认可。第二个阶段，辩护从个人权利开始转变为国家义务，也就是委托辩护权到指定辩护义务的转变。在这个阶段，法律援助开始出现。随着时代的发展，人们越来越意识到，人人享有的聘请律师为自己辩护的委托辩护权，其实在貌似平等的规定之下掩藏的却是实质性的不平等，权利主体因为经济能力和社会地位的差异，必然会导致权利实际行使效果的差别。对于很多贫穷被告人而言，委托辩护权其实是无法实现的，所以国家必须承担起为这些贫穷被告人提供法律援助的义务，使得这一权利可以平等地为各类人士所享有。第三个阶段，从片面强调人人都可以获得律师帮助为其辩护，到开始强调律师应该提供实质有效的辩护，即从形式辩护开始迈向实质辩护。在美国，曾经发生律师在为被告人进行辩护时，由于对方发言过于冗长而在法庭上睡觉的情况。虽然律师的确提供了法律帮助，但这种帮助无疑是无效的，因此，美国联邦最高法院在判例中明确指出，获得律师有效的辩护是联邦宪法修正案中获得律师帮助权的题中应有之义。有效辩护概念近些年来开始在中国流行，被律师广泛讨论，说明我国已经开始进入辩护权发展的第三个阶段，这是一种巨大的法治进步。

第二，有效辩护概念的出现还和律师界开始反思自身制度角色的背景相关。2005 年，中国刑事司法遭遇了"滑铁卢之年"。当年，有多达 14 起冤案相继曝光。北京大学陈永生教授撰文总结：先是 2 月下旬媒体报道，河北的李久明因涉嫌故意杀人被唐山市中级人民法院判处死缓，案发两年后，真凶蔡明新在温州落网。接着是 3 月下旬媒体报道，河北的聂树斌因涉嫌强奸杀人被石家庄市中级人民法院判处死刑并被交付执行，10 年后，另一案件的犯罪嫌疑人王书金交代聂案被害人实际上是被他所杀。继而是 4 月上旬媒体报道，湖北的佘祥林因妻子失踪被京山县人民法院以故意杀人罪判处有期徒刑 15 年，案发 11 年后，"被害人"张在玉从山东返回家乡。几乎在同一时间，媒体还报道，云南省丘北县的王树红被迫承认强奸杀人，在被羁押 299 天后，另一案件的犯罪嫌疑人王标林交代，王树红案实际上是他所为。类似冤案还能列举很多，如 2005 年 4 月中旬媒体报道的河南省淅川县张海生强奸案、6 月中旬媒体报道的湖南省怀化市滕兴善故意杀人案、7 月下旬媒体报道的吉林省磐石市王海军故意伤害案以及山西省柳林县的岳兔元故意杀人案、8 月中旬媒体报道的河南省禹州市王俊超奸淫幼女案，等等。在冤案发生和发现之后，人们普遍开始反思刑讯逼供等制度痼疾，反思公检法在刑事误判中的制度角色。毫无疑问，这些反思都是积极的，也是必需的。但是，时隔 7 年以后，这种反思开始出现了另外一个面向：难道冤案的发生都是公检法部门的错？辩护律师的不称职、不尽责会不会也是导致冤案产生的另外一个重要原因呢？有效辩护的概念正是在这一背景下被引入国内的。我们可以通过上面的梳理清晰地看出，这个概念在中国语境中的出现，尤其是被律师群体主动讨论，其实标志着一种思路的转变：我们不再像以往那样盲目谴责公检法机关，而是反思自身的制度角色。所以，我个人认为，有效辩护概念的出现首先是律师群体反思意识的一个体现，也是这一群体迈向成熟的标志。

　　说到这里，我想起一个流传很广的笑话。一个律师死了以后，在墓碑上刻了一个墓志铭："这里躺了一个律师，一个正直的人。"结果，有一个人经过这块墓地的时候，就感到非常奇怪，跟旁边的人说："这么小的一块墓地，怎么可能同时躺下两个人呢？"（笑声）的确有些好笑，也有些无奈，难道律师就不能是正直的人吗？可惜的是，在以往民众的心目当中，律师的确是一个过度商业化的群体，因此，对自身缺陷和制度角色的反思十分有助于这个群体的形象重塑。

　　那么，究竟什么是有效辩护？它又包含哪些要素呢？在对这一概念进行定义的时候，我们突然发现难度很大。不过，当我们不能对一个事物进行定义的时候，完全可以尝试从反面对其进行定义。陈瑞华教授有一句很经典的话："人们对于什么是正义，可能仁者见仁，智者见智，但是人们对于什么是不正义却能达成惊人的共识。"同样，人们对幸福可能有各种不同的理解，但对什么是不幸福却很容易达成惊人的一致。正因如此，人们才开始放弃了对有效辩护的界定，而开始转向对无效辩护的界定。

　　作为有效辩护概念的发源地，美国判例法中对于无效辩护界定标准的演变可能会给我们带来一定的启发。

　　1945 年，联邦哥伦比亚特区上诉法院在 Diggs v. Welch 一案中提出了界定无效辩护的"司法闹剧"标准。按照这个标准，如果律师的不称职行为致使针对被告人的诉讼程序变成了一场司法闹剧，授人以笑柄，则为无效辩护。但是，这个标准对辩护律师的要求过低，而且太过模糊，本身没有任何可操作性，无法起到对律师行为明确的指引作用，从而使得这一标准本身成了一个闹剧。

1970年，联邦第五巡回上诉法院在卡拉维案中又提出了另外一个判断无效辩护的标准——合理尽职标准，即律师应该合理、尽职地提供帮助，不合理、不尽职的则构成无效辩护。显然，这一标准仍然非常主观，可操作性仍然不强，仍然不能为上诉法院和辩护律师提供足够客观的判断标准。

正因如此，在1973年的United States v. Decoster案中，联邦最高法院创设了判断无效辩护的更为客观的标准——基本义务标准，从而实现了无效辩护从主观标准到客观标准的转变。根据这一标准，辩护律师对被告人负有一定的基本义务，一旦辩护律师实质性地违反了这些基本义务，除非控方证明没有损害，就应认定为无效辩护。显然，这一标准比以往的标准都更为客观，也更好操作。

如果说基本义务标准是事先确立了一些律师的行为准则并作为判断无效辩护的实质标准的话，那么，1984年，联邦最高法院在Strickland v. Washington案中则提出了无效辩护的结果标准，也就是说，辩护人不仅在行为上有瑕疵，而且这种行为的瑕疵还必须导致了对被告人不利的结果，方可构成无效辩护。至此，关于无效辩护，出现了两个相互独立的判断标准："行为标准"和"结果标准"。

　　我们可以在中国的语境下分别分析两种标准的合理性。首先，我们要思考的是：结果标准合理吗？我认为，在中国的制度环境下，不宜采取结果标准。

　　第一个理由，某些案件出现不利于被告人的裁判结果是由案件具体情况决定的，而并不必然由辩护律师的不称职行为导致。比如，如果控方证据相当扎实，不管怎么辩护最后都能定案，都会判刑，就不应认定辩护律师的代理为无效辩护。第二个理由，由于众所周知的原因，在我国的司法环境下，很多案件不论辩护律师如何辩护，结果往往早已确定。如果采纳结果标准，对律师是不是太不公平了？

　　其实，不要说中国，就是在英美，结果标准也不适合，有一组数字我念给大家听一下：在采取结果标准的国家，比如加拿大，只有10%左右的无效辩护得到支持，在美国，1973 年到 1983 年间曾提出过无效辩护主张的 4000 件联邦和州的案件中，只有 3.9%的案件得到了支持。可见，结果标准在西方也是逐渐被摒弃的一个标准。

　　那行为标准又如何呢？既然不以结果论英雄，那就必须事先为律师的辩护行为规定一些最低工作标准，尤其是在法律援助案件和死刑案件的辩护中显得尤为重要，如果没有做到，就要比照工作标准进行惩罚。所以，美国律师协会根据行为标准制定了很多类型案件的辩护指南。2010 年 8 月，我跟陈瑞华教授、田文昌律师、钱列阳律师等到美国专门考察他们的死刑辩护，发现他们对于死刑案件的辩护要求非常严格。一个死刑案件的被告人，至少要有四名法律专家组成团队为其辩护，其中包括辩护律师和减刑专家等。我们可能真的无法理解，对于一个恶贯满盈的人，国家居然愿意在他身上花费几十万美元，耗费如此巨大的司法资源！在考察过程中，我时常对比国内的情况，内心是非常感慨的。湖南湘潭大学邱兴隆教授也是位兼职律师，他曾经出版过一本辩护词，书名是《一切为了权利》，中国检察出版社出版，其中序言标题是"中国人，你离爱罪犯，像爱自己的亲人还有多远？"。这个标题，说实话，刚刚看到的时候，我的确感到有点接受不了，如果我们爱罪犯像爱亲人，是不是爱亲人也像爱罪犯呢？当然，作者肯定不是这个意思，他想表达的观点是，如果我们对待那些罪大恶极的被告人都能如此文明，那么，我们就更加有理由相信，我们的司法制度会更加人性地对待那些守法的普通公民。

所以，如果中国要采纳行为标准的话，也必须首先建立起相应的工作标准。陈瑞华教授在 2009 年和 2010 年曾经带着北大一群博士生参与完成了这项工作，我也是其中主要的参与者，我们和贵州省、山东省、河南省三个律师协会合作，分别通过了三份《死刑案件辩护工作指南》，这份指南实际上就带有一定的最低工作标准的性质。这应该是未来我们构建中国式无效辩护制度的一个前提性的工作。

1789 年，法国发生大革命，但是，人们最先攻击的居然不是政府官邸和国王宫殿，而是巴士底狱，对于政治暴政的不满居然首先发泄在司法制度之上。如果我们熟悉当时历史的话，就会发现，其实人们并非真的要去解救谁。1789 年 7 月 14 日，愤怒的人群用大炮轰断了吊桥铁链，可当时巴士底狱总共只关押了七个人，其中四个是假证件贩子，两个是神经病患者，以及一个性变态者。所以，如果说司法暴政是政治暴政象征的话，我们更加有理由相信，司法文明一定是政治文明的前奏。（笑）

攻占巴士底狱

德国著名法学家拉德布鲁赫曾经说过一句话："如果法官也成了公诉人，只有上帝才能做辩护人。"而我则想说，"在中国，公诉人都成了法官，可辩护人还不是上帝"。让我们为了改变这一现状而共同努力！

08 知识、观念与利益：法律职业共同体的形成

演讲地点：西南民族大学法学院

演讲时间：2016年12月11日

法官、律师和法学家究竟是成长为一个统一的法律共同体还是在被权力勾引、利用的同时，彼此走向敌对和分裂？

——强世功

感谢西南民族大学法学院的邀请，感谢周洪波教授的信任。今天我谈的话题是"法律职业共同体"。说实话，我看过很多这方面的文章，也听了不少这方面的讲座，但是迄今为止，对于什么是"法律职业共同体"仍然没有一个清晰的概念。我们能够坐在一起用法言法语讨论问题就叫职业共同体吗？我们彼此尊重、例行对抗就叫职业共同体吗？

我觉得法律职业共同体的内涵可能包括三个方面的内容：第一，知识共同体；第二，观念共同体；第三，利益共同体。我想，2002年统一司法考试实行之后，法官、检察官和律师，都是学习一样的法律知识拿到职业资格，在知识层面早已形成共同体，这一点毋庸置疑，但是，在另外两个层面上，共同体真的形成了吗？我们可以借此机会梳理一下历史，看一看1992年到2016年，中国的控辩审三种角色之间发生的两两冲突，可能有助于我们对这一问题的深入思考。

第一个阶段，1992年以后的检法冲突。这一冲突体现在两个具体问题上。第一，赃款赃物的移送问题。法律要求所有赃款赃物必须随案移送，但检察院认为必须是特定证据才有移送价值，而对于一般的物品只要移送罚款清单就应该被视为赃款赃物随案移送。但法院坚持，只要见不到赃款赃物，就绝不开庭。一个小小的赃款赃物移送问题，背后隐藏的却是收支两条线与赃款赃物财政返还机制的巨大利益冲突。第二，法庭礼仪的问题。1992 年以后，检法之间围绕着检察官要不要起立向法庭致敬的观念问题曾经发生过激烈的冲突。法庭要求起立以后，检察官拒不起立，他们的理由是："我们是宪法规定的法律监督机关，地位比法院更高，应该是法官集体起立向我们敬礼才对"。（笑）法官后来要求法警把检察官强行架起来，但架起来以后检察官又不坐下来了，他说："让我站起来容易，坐下去难，我就要站着支持公诉，我就是要比你更高。"（笑）没想到法官宣布休庭，在院子里转了一会儿，搬了几块砖头进来，然后低头忙活半天，把自己的座位垫得更高，说看到底谁比谁高。（大笑）这种好像小孩斗气一样的冲突在当时引起了很多学者的讨论，《法学》杂志还专门发表了龙宗智教授和贺卫方教授的商榷文章。大家可以思考一下，为什么检法之间会发生这两种类型的对抗？有没有内在规律可循？我们过一会再分析。

第二个阶段，1996 年以后的控辩冲突。新的《刑事诉讼法》颁布后，控辩对抗开始加剧。据一个不完整的数据统计，1997 年到 2003 年之间，因《刑法》第 306 条律师伪证罪被抓的辩护律师多达 300 多名，但是其中有 80% 在二审中被无罪释放，这说明大部分案件证据都不足，顶多算是违纪，还构不成犯罪。当年有一个很轰动的案子，黑龙江有一名律师到云南昆明创办分所，接的第一个案件就是刑事案件，结果就涉嫌律师伪证罪被抓，然后在全国律协的紧急介入下，二审终于被无罪释放。但是此时的他已经心灰意冷，觉得自己的权利都保障不了，何以保障别人的权利？

所以夫妻两人商量了以后，决定在云南昆明郊区的卧龙寺落发出家。《南方周末》头版全版报道了这起事件，引起云南司法厅的高度重视，他们认为这严重破坏了云南司法的光辉形象，于是责成律协领导多次深入寺院，（笑）做寺庙和他本人的工作，最后迫于压力，没有办法，夫妻二人又作出第二个决定——还俗。（笑）但从此以后他们再也不敢接刑事案件了。这起案件深刻说明当年的控辩冲突已经激烈到什么地步了。还有一个细节也很有意思，当年判这名律师罪名成立的一审法院，名字说出来能笑死你，真实的生活往往比剧本还要精彩，那个法院的名字叫弥勒县人民法院。（大笑）

第三个阶段，就是 2012 年以后普遍发生的辩审冲突。按理说，律师在法庭上和控方辩论，法官只要居中裁断就可以了，无论如何不会也不应该和律师发生冲突，但事实正好相反。有两个典型案例，第一个案例，在南昌大学周文斌校长受贿案的审理过程中，著名辩护律师朱明勇在一次庭审中先后四次被驱逐出法庭。他后来在讲课的时候半开玩笑地说，只有那些在一个案件的出庭过程中被赶出去四次的人才有资格被称为死磕派律师，（笑）这应该成为死磕派律师的一个认证标准和准入门槛。（笑）我们要思考的是，为什么朱律师争取程序权利的行为会导致他被反复驱逐出庭？第二个案例，最近济南市司法局对李金星律师作出停业一年的处罚。这起事件的起因是这样的：当时李金星律师正在广东某法庭进行辩护，检察院在庭上临时决定增加指控罪名，李律师要求延期审理以为新罪名进行必要的辩护准备，这一要求完全合理而且合法，但万万没有想到的是，主审法官竟然说，被告人作为不懂法律的人，需要事前准备，但律师是个法律人，难道不能就指控罪名作出即兴答辩吗？李金星律师当即回应，律师的确可以在构成要件上对指控的新罪作出即时答辩，但律师也需要了解控方这一指控的证据基础，这些准备工作必须需要一定的时间。结果律师和法官就这样顶上了。法院后来给济南司法局发了一份司法建议，要求处罚李金星律师，一开始司法局准备吊销李律师的执照，后来改为停业一年的处罚。但即便处罚变轻，我也认为极不合理。为什么不遵守程序法的恶果要让辩护律师合盘吞下，法官和检察官却可以堂而皇之地违反程序法？这就是我们讲的第三次冲突。

但最让人觉得痛心的是2015年以后，在律师界内部又发生了第四次冲突。也有个典型事件，两位著名律师互掐，指责对方是勾兑派，最后还闹到了法庭。双方吵得不可开交、热火朝天。后来我就发了条微博，我说这就相当于两个女人在互拍裸照，彼此以为是在揭对方的短，实际上是让整个女人群体蒙羞。（鼓掌）

讲到这里，大家会发现，如果把中国所有的法律职业两两连线，几乎没有一对职业角色没有发生过激烈冲突。我们现在来看一下，面对这四种冲突，中国形成了哪三种冲突类型和解决模式。

第一，观念性冲突。我们上大学的时候经常会听到一句话叫"像法律人一样思考"，但现在回过头来看，法律人真的一样思考吗？法官和律师想的真的一样吗？当律师向法官提交证据不足的辩护意见的时候，法官居然跟律师说："张律师，你说得都有道理，但是我想反问你一句，你说人不是被告人杀的，那你觉得是谁杀的？"（笑）可这是律师需要回答的问题吗？还有更离谱的法官，他会说："张律师我告诉你，这个案子凶手如果不是被告人，我死给你看。"（大笑）可我要你死干什么？你只需要公平裁判就可以了。（笑）所以你会发现，公检法可能会一样思考，但公检法和律师从来就不会一样思考。像法律人一样思考其实是个假象，更准确的说法其实是公检法之间的思维模式日益趋同。法院永远是第二公诉人，当律师说"为了正义哪怕天崩地裂"的时候，有些法官想的却是"都天崩地裂了，还要正义干吗"。一个是理念至上，一个是后果至上，所以在观念层面，公检法律还没有形成对一些法治观念普遍的信仰，在这个层面上，我认为法律职业共同体还没有形成。

第二，利益性冲突。我曾听到一个笑话，某省检察院抓了一个贪污犯，涉案赃款大概是 2000 万元，然后移交到法院，法院认为，赃款赃物没有随案移送，因此，如果赃款不送过来，就判无罪。检察院心想，你要判无罪，我就让反贪局立案抓人，你判一个无罪，我就抓一个法官，所以现在司法改革要求把反贪局交给监察委员会，检察院就失去了一个非常重要的部门，将来法律监督的权威就会大打折扣。发生这种利益冲突怎么办？后来在政法委协调之下，双方作出了一个妥协，这个案子 2000 万元赃款对检察院非常重要，因为他们刚盖了办公大楼和家属楼，要还银行的贷款，但法院也同样欠了银行钱。没关系！检察院承诺明年再抓一个涉案 3000 万元的，到时候一定一分不动、随案移送给法院。

（大笑）当我们碰到利益冲突的时候，如果总是需要诉诸法律外的力量来解决某种冲突的话，我认为法律职业共同体也没有形成。

第三，权力性冲突。其实我特别想写一本书，叫《二十天目睹之法治之怪现状》，下面这个故事绝对可以成为中间的经典案例。某著名律师在法庭发言多次被打断，还被无理限制发言时间。但每次公诉人发言时，法官都报以迷之微笑。所以律师实在没有办法，在法庭上举手说了一句话，这句话极富黑色幽默效果："审判长，作为辩护律师，我强烈申请合议庭能够批准我，申请公诉人作为国家法律监督机关监督合议庭不当打断律师发言时间的违法做法"。（大笑，鼓掌）这是在中国宪法权力结构之下才会发生的黑色幽默。正是宪法权力安排的错位才导致了这么多诉讼过程中的吊诡现象。有的人说，很多问题的根本就出在宪法上，所以宪法才叫根本法。这话可能有失偏颇，但大体意思我是认可的，用老百姓的话说就是末梢神经坏死把伤口憋大了。本来这个人得的是神经病，要治疗神经问题，可是现在解决问题的方式是直接把头砍掉，就可以不用治疗神经病了，不是吗？当国家权力配置出了问题的时候，难免会出现这样的吊诡现象，导致法律职业的冲突的解决呈现一种外溢效应，总是试图寻找法外力量的介入。

所以，现在我们可以回答我开头提出的问题，究竟什么才是法律职业共同体的标志？是没有冲突？还是别的什么？我的一个不成熟的看法：法律职业共同体成立的标志不在于有没有发生激烈冲突，而在于发生冲突以后，双方是否用法律规则来解决这些冲突。如果冲突解决模式都在法律框架之外，则法律职业共同体就并不存在。反观刚才我们所说的几类冲突类型，几乎都在寻找外力解决，这才是令人忧心之处。而一旦权力介入干涉之后，律师难道不想出去寻求另一种力量干涉吗？一个要邀请权力冲进职业共同体压制矛盾，另一个当然就要冲出去寻求民意监督。这就形成了另一个非常吊诡的局面：司法机关天天喊要独立于民意，却从来不喊要独立于权力，而律师天天高喊要独立于当事人，却从来不喊要独立于强权。在这个法律职业共同体里，大家没有一个是"宅男"，都想出去有点外遇。（大笑）

那是不是就应该禁止律师诉诸民意呢？这里有一个逻辑上的因果问题。我们不要简单地认为西方民意不能干涉司法，所以，我们也不能用舆论来影响司法，这不是一个简单的比附问题。西方的这句话抽象来看没有任何问题，但一定要还原到一个经验背景里去，换句话说，他们民意之所以不能干涉司法，是因为他们的权力首先没有干预司法。但是，这个前提我们有吗？如果权力率先干预司法，为什么民意不能对其进行纠偏和监督呢？如果央视率先让嫌疑人认罪，为什么我们不能发布微博以正视听呢？北大有位教授曾经有过一个很形象的比喻：如果一辆马车是由四匹马拉着往前走，其中两匹马偏离了正确轨道，请问另外两匹马是自顾自地沿着所谓正确的道路往前走，还是也要偏离相同的角度，以形成合力才能让马车走向正确的方向呢？中国的问题和这个比喻的情况非常相似。现阶段，首要的问题似乎不是禁止舆论干预司法，而应当首先禁止权力干预司法。只要我们的法律职业共同体遇到冲突还会寻求权力的干预，民意的介入就有其暂时的合理性，我们当下要解决的仅仅是诉诸舆论的方式是否和权力干涉的强度相一致，以确保其负面效果是否能够尽量相互抵消的问题。

所以，我觉得法律职业共同体现在还没有形成，没有形成的原因不在于他们仍然在发生冲突，而在于冲突发生后，他们总想寻求法律以外的力量加以解决。

所以，综合上述观点，我对法律职业共同体的形成并非悲观，但前提是，必须首先杜绝权力的不当干预，让所有冲突都在法律框架内得以解决。我的发言完了，谢谢大家！

后　记

回首过往，年轻气盛的我手持正义的标尺和语言的利剑一路斩杀，举凡不公不义、无德无良之司法乱象，一律顺我者昌逆我者亡。

听者快而仇者痛。

十几年来，能够在法律圈内有一点点薄名，靠的多是这种流畅而又充满正义感的公共表达。

我甚至一度自负地以为，语言，可以改变世界。

我因而还曾固执地认为，知识分子不用起而行之，而只需坐而论道。因为他的言，其实就是行，所谓的言行一致，其实就是指不论何时、不论何地，都说自以为是的话语，坚持自以为是的论断。任何压制都不能改变他的既定立场和观点。如《大公报》所言，"不党，不卖，不私，不盲"。这是"道"，守住，就好。

可当我为了整理这本演讲录，第一次坐在电脑前重听自己录音的时候，我突然对公共言说的意义产生了深刻的怀疑和自我否定。

想起文字偶像王怡有一次打开电脑，发现自己写的字已经超过了200万后，内心的惶恐："一个不知道真理的人在那里唧唧呱呱，这个罪比卖了200万斤猪肉还要大。"

怎么会呢？一个灵魂如此圣洁，文字伴我起伏，让我得以坚信汉语写作中的信仰力，助我在浮名中安定的王怡，怎么如此自以为非，说自己是罪人中的罪魁呢？

照这样说来，我更该惭愧才是啊！王怡至少知道自己不知道真理，而我，却一直代真理立言。

对着书稿，我不停自问：在刨除了煽情、修辞、蛊惑、语焉不详、道听途说之后，我的言说，还剩下些什么？

《圣经诗篇》说："因为他们的口中没有诚实，他们的心里满有邪恶，他们的喉咙是敞开的坟墓，他们用舌头谄媚人。"

在这种逼问下，你很容易看到自己精神的成色。只要我们在准备写作或者准备言说的时候，内心曾经设想过听众的喝彩和舆论的反应，我们其实就和那些屈服于强权的弄臣没有任何本质的区别。我们公共表达的动机，其实也有功利的成分。

多年来，即便以正常语速每小时一万字计算，我用舌头堆出的文字，也有几千万的数量。但是，最后呈现在大家眼前的，只有这区区十几万字的小册子。我把它视为一种语言肥大症的自我手术和言说境界的一次割礼。

公共言说，当说则说，但也要当止则止。独立于强权固然很难，但不迎合舆论，似乎只会更难。要时刻警惕任何一种情绪，远离任何一种依附。

民谚云：临事有长有短，与人不激不随。

"不激、不随"，权当对《大公报》四不主义的一点补充和对言论市场的期许。

最后，必须感谢中国政法大学出版社的刘知函兄，是他的鼓励和信任促使了我个人作品集的问世，并以高度专业的态度策划和设计了整个出版流程。在此之前，我完全没有想到，平凡如我，竟也有这种机会以这种方式和世界交流。这是作品集的第一本书，希望它来到读者诸君手上的时候，没有辜负你对作者的期待。

陈少文

2017 年 2 月 21 日于云南昆明西南联大旧址旁